修炼教育研究

思维力

XIULIAN JIAOYU YANJIU
SIWEILI

主 编／王丽君 蒲大勇

副主编／李兴贵 尹 宏 王平红

四川科学技术出版社
·成都·

图书在版编目（CIP）数据

修炼教育研究思维力 / 王丽君，蒲大勇主编. -- 成都：四川科学技术出版社，2017.4
ISBN 978-7-5364-8590-7

Ⅰ.①修… Ⅱ.①王… ②蒲… Ⅲ.①教育研究 Ⅳ.①G40-03

中国版本图书馆CIP数据核字(2017)第062880号

修炼教育研究思维力

主　　编　王丽君　蒲大勇　　副主编　李兴贵　尹　宏　王平红

出 品 人　钱丹凝
责任编辑　罗小燕
责任出版　欧晓春
封面设计　墨创文化
出版发行　四川科学技术出版社
　　　　　成都市三洞桥路12号　邮政编码610031
　　　　　官方微博：http://e.weibo.com/sckjcbs
　　　　　官方微信公众号：sckjcbs
　　　　　传真：028-87734039
成品尺寸　170mm×240mm
　　　　　印张 12.25　字数 260千
印　　刷　成都一千印务有限公司
版　　次　2017年4月第1版
印　　次　2017年4月第1次印刷
定　　价　28.90元

ISBN 978-7-5364-8590-7

前　言

　　教育研究是一门科学。教育研究是以特定的教育现象、教育活动等作为研究对象，采用一定的研究手段，运用科学的研究方法对一些带共性的问题，以揭示教育基本活动规律为目的的一门科学。教育研究有别于教育学，教育研究可以说是教育学的分支，是教育学的进一步发展。教育研究也是一门以高级思维为主的科学。思维是思维主体处理信息及意识的活动。思维主体是可对信息进行能动操作的物质。思维主体既有自然进化而形成的动物，也有逐渐发展完善的人工智能产品。教育研究的过程就是不断思维的过程，这个过程体现了研究者的思维力。思维力是人脑对客观事物间接的、概括的反映能力。教育研究水平的高低很大程度上彰显研究者的思维力。

　　思维力是研究者多种能力的综合体现，也是研究者持续发展的一种必备素质。无数实践证明，作为体现研究者内在素质的综合能力的思维力不可能自然生成，也不可能一蹴而就，需要在教育研究实践中有意识地自觉修炼、持续不断地提升。也就是说，研究者的思维力也是需要"修炼"的。那么，如何修炼教育研究思维力呢？

　　——步月登云，修炼发展思想力。思想力是思想对客观世界的作用力，是经过历练、顿悟和升华后获得的一种思维活动能力。苏格拉底说："有思想力的人是万物的尺度。"思想力体现教师的人生高度，彰显教师研究的深度与厚度。有思想力的教师有做人之德、执教之功；有思想力的教师用良好的情操和执著的追求坚守着自己的精神家园；有思想力的教师视野开阔、思维敏捷、思辨力强；有思想力的教师把对生命的悲悯与感悟、把对生活的情感与热爱融入到教育中去，使自己的课堂闪耀着生命、智慧与个性之光。

　　——寻根究底，修炼问题思辨力。思辨力就是思考、辨析的能力。所谓思考指的是分析、推理、判断等思维活动；所谓辨析，指的是对事物的情况、类别、事理等的辨别分析。思辨力是制约教师教育研究的重要因素。问题需要思考，更需要辨析。只有思辨，才能从纷繁复杂的教育现象中探寻真问题、实问题；只有

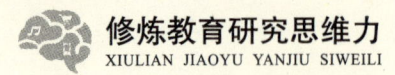
思辨，才能探寻有研究价值的真问题；只有思辨，才能进一步凝炼教师的思想。

——旁求博考，修炼事实论证力。论证是运用论据证明论点的逻辑过程和方式。论证力就是运用论据证明论点的能力。事实上，任何一个论证都是由论题、论据和论证方法三个要素构成的。论题是通过论证确定其真实性的判断，它所要回答的是"论证什么"的问题。论据是用来确定论题真实性的判断，它是使论题成立并使人信服的理由或根据，它所回答的是"用什么来论证"的问题。论证方法是指论据和论题之间的联系方式，即论证过程中所采用的推理形式，它所回答的是"怎样用论据论证论题"的问题。论证力就是采用一定的论证方法，运用充分的论据对论题的真实性、可行性、科学性进行证明的一种能力。

——高识远见，修炼蓝图规划力。规划是个人或组织制订的比较全面长远的发展计划，是对未来整体性、长期性、基本性问题的思考和考量，是设计未来整套行动的方案。大到经营企业，小到一次做饭，都要有规划力。不管做什么事情，没有规划力是绝对不行的。那么，什么是规划力呢？做每件事情之前，先在脑子里想好应该怎么来进行，先把事情的先后顺序安排好，一步一步地让作业更加顺利地完成的能力，就叫作规划力。具体到教育科研，是指在进行研究之前，对研究的目标、内容、措施、人力、财力等做一个谋划的能力。具有规划力的人，常常会使研究有条不紊地开展，研究的目标性更强。

——日锻月炼，修炼过程研究力。所谓研究即钻研、探索，是应用科学的方法探求问题答案的一种过程。研究力是指钻研、探索的能力。研究力是教师开展课题研究最重要的能力之一。研究本是教师工作的一种态度、一种方式，要求教师必须参与研究，把研究渗透到日常工作中，在行动中研究，在学习中研究，在研究中学习。教师要基于自己的实践、教学、经验来进行研究性学习，"在教学中研究，对教学进行研究，为了教学的研究"；要通过案例研究、课堂观察、叙事研究、反思实践、行动研究等符合教师职业特点和教育教学实际需要的形式，边研究问题，边学习理论，从中获得特定情境下的教育经验，重建知识体系，拓宽学术视野。

——千锤百炼，修炼成果表达力。表达就是用口说或用文字把思想感情表达出来。表达力就是用外部的行为（语言、神态、身段等）把思想表达出来的能力。教育科研成果必须如实地反映客观情况，一切叙述、说明、推断、引用必须恰如其分，文字、用词应力求准确，概念表述应尽量用科学性用语，避免用常识性用语，以免读者费解或产生歧义。当然，科研成果的文字也必须简单、明了、通顺、流畅，既要明白如话，又要把研究的效果准确地、科学地表达出来。

　　——触类旁通，修炼应用创新力。创新力又称创新能力，是人们革旧布新和创造新事物的能力。创新力是一种人格特征和精神状态以及综合素质的体现，彰显了教师教育研究的智慧与魅力，是克服故步自封、不思进取的利器。创新的关键是观念创新，需要智慧和勇气，能够敢为人先，不惧怕失败。教育科研的创新力，就是要求研究者要有如饥似渴地汲取知识的欲望、强烈的创新意识；要有强烈的不满足现状、对自身不断进步的追求；要善于寻找差距，发现自身的不足，能把握时代的脉搏，不断地更新自己的知识；要能够从多角度、多方向上去思考问题，敢于突破思维定势、打破常规，富有改革精神；要学会独立思考问题，克服从众心理，看问题能够抓住事物的本质，从更高的层次上去寻找解决问题的方法。

　　本书采用"现象剖析+案例分析+理论引领"的方式阐释了修炼教育研究思维力的方法与路径。全书共分七章，包括修炼发展思想力、问题思辨力、事实论证力、蓝图规划力、过程研究力、成果表达力和应用创新力。本书既注重实践性，又注重理论性；既注重前沿性，又注重当下；既注重理论引领，又注重实践表达；既注重学术性，又注重操作性。

　　但愿此书亦如倦鸟归巢，能给读者在教育研究领域带来一些思考和启迪，进而促进读者走上研究之路。

目　录

第一章
步月登云，修炼发展思想力

第一节　教育研究"蕴含"思想

思想是一系列的信息，输入人的大脑后，形成的一种可以用来指导人的行为的意识。思想力是思想对客观世界的作用力，是经过历练、顿悟和升华后获得的一种思维活动能力。苏格拉底说："有思想力的人是万物的尺度。"思想力体现教师的人生高度，彰显教师研究的深度与厚度。有思想力的教师有做人之德、执教之功；有思想力的教师用良好的情操和执著的追求坚守着自己的精神家园；有思想力的教师视野开阔、思维敏捷、思辨力强；有思想力的教师把对生命的悲悯与感悟、对生活的情感与热爱融入到教育中去，使自己的课堂闪耀着生命、智慧与个性之光。

一、现场扫描

教育研究在促进教师更新教育教学观念、优化教育教学方式，实现从"教书匠"向"学者型"教师转型，提高学校教育教学质量、促进学校"内涵"发展，提升学校办学品位等方面具有重要作用。而审视当前的教育研究，不同程度地存在"四化"现象：

【现象一】虚假化

【案例1】2015年，L校为争创省级示范校，向省教育科研规划部门申请"学校组织文化建设"科研项目，并通过了省级立项评审，由于该项目不是学校发展的内在需要而引发的课题，研究团队根本无法展开研究，每当上级检查和课题研究结题时临时突击，编造一些虚假材料。

【问题诊断】这种把课题研究作为学校"上档升位"的"敲门砖"，有悖教

育研究促进学校内涵发展的本质，这也是功利性思想作祟的表现。

【问题一】功能"异化"

【现象二】功利化

【案例2】M教师为了在评职称量化考核中"不吃亏"，占有"优势"，先后做了两个课题研究项目，果然在职称评审中考核量化分数领先于其他教师，职称到手后，他就"洗手不干"了。

【问题诊断】有丰厚的课题研究成果赢得职称本无可非议，但把其作为唯一目的，这种做法功利性太强，不利于教师专业的可持续发展。

【问题二】价值"世俗化"

【现象三】低效化

【案例3】Q校数学教研组为了引导学生形成科学的数学学习方法，确立"小学生数学学习方法指导策略研究"作为研究项目，研究过程虽然开展了一系列活动，但由于缺乏科学、贴切的办法，三年下来，教师并未形成一套指导学生学习数学科学、有效的办法，学生学习数学也没有发生大的变化，问题依旧。

【问题诊断】课题研究是科学研究，需要有科学的方法作支撑。研究方法"缺位"，导致问题未能如愿解决，也没有取得预期的效果与成果。

【问题三】方法"缺位"

【现象四】表层化

【案例4】N校从校级课题到县、市、省等各级课题共有近20个，细细考究，这些课题中关注实质性的内容较少，大多是为课题研究而进行课题研究，没有将具体的研究深入地展开，往往在程序上完整，材料上较为关注，而对研究内容的深度关注较少。

【问题诊断】课题研究有一套完整、科学的研究体系，从内容到形式，从价值到方法，从过程到成果，不但形式上要入格，更重要的是实质性内容要入行，这才是科学研究。

【问题四】内容"不深入"

二、教育研究"蕴含"思想

类似上述教育研究中由于研究功能"异化"，导致过程是"假研究"；或由于研究价值定位于"世俗化"，导致研究结果太"功利化"；或由于研究方法"缺位"，导致效果大打折扣或无果而终，使整个研究呈现"低效化"；或由于研究内容"不深入"，导致研究层次"表层化"等现象并不鲜见，这些现象的存在，不仅仅是研究者价值取向的异化，更是研究方法的缺失，更为深层次的原因是研究者"思想"缺失。关于中国的中小学教师缺乏思想，肖川教授有着独到的认识："我国中小学教师缺少的主要是一种文化精神、文化眼光，一种自学的价值追求，一种坚定的对于社会、人生和教育的理想与信念，一言以蔽之，缺乏思想。"针对"中小学教师缺乏思想"这一问题，他分析道："文化底蕴不够丰厚，学识积累过于单薄，缺乏对人类历史文化和人性富于深度的理解，特别缺乏对中国历史的洞察和对西方近代资本主义核心价值的深度理解"，最终导致中小学教师付出的大量时间只能花在"教书育人"上，缺乏对于教育的深层次的理解。而事实上教师群体最应具有自己的思想。因为他们的知识水平明显高于其他群体，而且由于所工作对象的特殊性也决定了他们应该要有自己的思想。

思想不会从天上掉下来，它是教师在教育研究过程中"磨炼"出来的。事实上，教育研究的实质是研究者对事物的主动的、概括的、间接的反映，以已有的知识经验为中介，对通过感知所获得的各种信息进行分析、综合、比较、抽象、概括、系统化和具体化，从而达到对事物的理性认识。一句话，教育研究离不开思想。

思想是教育研究的源泉。一切的教育研究皆来自于思想。奥维尔一直有个梦想，希望发明飞机并寄望于飞机永久地结束战争；法恩斯沃思认为世界上的所有人都可以通过电视接受教育，而且电视还能用于娱乐、体育和新闻领域。教师的教育研究虽不同于科学家的发明创造，但教育研究同样是一项富于创造性的活动。教师的研究成果即是基于思想创造的劳动成果。

思想是教育研究的动力。教育教学本身是一个不断发展、变化的过程，同样，教师的教育研究过程也不是恒定不变的。在教育研究中，教师必须要有一种观念，即对自己的行为要进行不断改革创新以适应外部环境的变化。行为的转变最初来自于思想的更新、观念的变化。只有新的观念与原有观念发生冲突，或是产生一种新观念，才能促成发生改革。

思想是教育研究的保证。物种存在着"适者生存，不适者淘汰"的生存规则，而这样的规则也适用于人的发展。教育研究的过程就是不断探索教育规律、掌握教育规律、顺应教育规律的过程，让教育规律更加服务于教育教学，为提高教育教学质量提供可能。教师作为这个过程的主导，更应该具有自己的思想。不为固有的观念所束缚，以期在不断思考中能有所创新，在创新中求得发展。

第二节 教育研究"演绎"思想

一、教育研究成就好老师

2014年9月9日，习近平和北京师范大学师生代表座谈时号召全国广大教师做"四有"好教师——有理想信念、有道德情操、有扎实知识、有仁爱之心。教师要做到这"四有"，根本一点就是要研究，在研究中学习，在学习中实践，在实践中提升。教育研究中的好老师需做到"四个必须"：

1. 必须善于学习，成为终身学习的楷模

在第45届国际教育大会上，德洛尔特别强调教师的四点责任之一，就是教师自身专业素质的学习、培训、提高。教师只有不断地学习再学习，培训再培训，促进自身的发展，才能在新课改浪潮中中流击水，游刃有余。做到科学地指导学生，艺术地理解教学行为，尊重、鼓励、赞赏每一位学生，促进学生的全面发展，建立新型的师生关系，促进新课改的良性循环。

2. 必须勤于反思，成为教研并重的实践者

传统的教师角色是不变的：一本书，一只粉笔，三尺讲台足矣。而新课改需要教师在传统基础上更加强调教学行为的开放性、全方位、多样性，注重面向全体学生，促进每一位学生的和谐发展。正如爱因斯坦所说："学生走出校园是一个和谐发展的人而不是专家。"这就向教师提出挑战。因此，教师在教学中必须积极地进行反思：课前反思使教学成为一种自觉的教跰实践；课中反思使教学优质高效地进行；课后反思使教学经验理论为进一步指导和研究以后的教学教研服务。

3. 必须勇于探究，成为"行动研究"的先行者

每位教师要及时调整自己的角色：改革传统的教育方式，由传统的教师围着教材转，改变为教师牵着教材转，教师成为课程资源的开发者、建构者；由传统的学生围着教师转，改变为教师围着学生转，教师是学生学习的组织者、合作者和促进者；由传统的教书匠转变为"教育家"，将单纯的教学行为转变为教中研、研中教的"行动研究"，把教学与研究有机地融为一体是实施新课程的保证，也是提高教学质量的关键，更是教师勇于探究、富有创造性的前提条件。

4. 必须开拓进取，成为积极创新的探索者

教师面对知识经济，不仅要不断提升自身知识结构，向更优化发展，而且

要结合学习，提高自身综合素质，以求不断进步，在教学中大胆开拓。每一位学生都是一个独特的个体，每一天都是新的一天，每一节课、每一分钟都具有时间性、独特性，只有认真对待，积极进取，才能不断培养创新精神和实践能力。

二、好老师需要研究意识

通俗地讲，人们在工作、学习、生活中遇到问题总要"想一想"，这种"想"就是思维。它是通过分析、综合、概括、抽象、比较、具体化和系统化等一系列过程，对感性材料进行加工并转化为理性认识并解决问题。研究思维最直接，也是最重要的表现方式就是研究意识。

什么是研究意识？从心理学角度讲，意识是一种人脑的机能，是高级神经系统高度发展的表现，是人的心理对现实生活的自觉反映。作为教师来说，研究意识就是对教育活动有意识的追求和探索，是运用教育科学理论指导教育活动的自觉行为，是对所从事的教育活动的一种清晰而完整的认识。它既表现为行为主体对教育环境的主动适应，也表现为行为主体对教育环境的积极影响与改造。

教师的研究意识之所以在教育活动中显得特别重要，是因为教育乃是一种有目的、有计划的培养人才的社会活动。从事这一活动的行为主体绝不能被动，不能消极，不能盲目，不能随意。中小学教育的育人功能是基础性的，小学生和中学生正处于生理和心理剧烈变化的时期，也是最易受到诸方面因素影响的时期。这既是他们身体发育、知识增长、心智发展的关键期，又是他们理想萌发、人生探索的困难期。基于这一特性，中小学教师更应该具有一份自觉，具有一份清醒，具有一种事业的追求。这些特质就是研究意识，也是教师素质的本质特征。

同时，研究意识并不是虚玄空泛的，它被三个要素所涵盖，那就是教育的信念与热情、教育的知识与经验、教育的眼光与智慧。

研究意识首先体现为教师对教育事业的一种执著精神。教师只有以献身教育的热情和信念作为支撑物才有可能具备这样的自觉和追求。教授知识、开发心智、启迪心灵是一项富于创造性的极其复杂的实践活动，也是一项极其艰辛和极需牺牲精神的平凡工作，热情、执著、富有信念便成为从事这一事业所需要的最可贵的品质。教师一旦具有了这些品质，才可能自觉地、有意识地去追求和探索教育活动的底蕴，才可能会有创造性的工作表现。

当然，研究意识仅凭热情是不够的，它的产生还需要一定的教学实践经验和一定的教育理论基础为先决条件。假如没有一定的教学实践经验的积累，没有一定的教育理论素养，教师就不可能对教育活动产生有意识的、自觉的反映，更不

可能对教育科研进行卓有成效的追求和探索。

这也因此引出了研究意识的第三个要素，即教育科研的眼光和智慧。如果一个教师惯于因循守旧，思想僵化，眼光迟钝，他就不可能产生探索的需要。如果一个教师不富于想象，不具备有创见的灵活的发散思维，不善于寻找有助于提高创造性的场景，不善于发现尚未解决的问题，那他也不可能产生探索的需要。只有思路开阔，眼光敏锐，敢于向假设挑战，具有综合能力和应用系统分析技术能力的教师，才可能具备清醒的研究意识。

综上所述，研究意识是教师的一种心理素质，是教师的职业理想、职业道德、知识素质、能力个性的综合体现，这与对教师的素质要求正好是相吻合的。

三、教育研究"演绎"思想

（一）教育研究不只是少数专家的事

长期以来，人们似乎已经习惯了这样一种对于研究的理解：研究是专家、专业研究人员的工作，他们研究出的结果向教师推广，然后由教师接受和实施。这样的理解被称为"RDDA"模式，即"研究（research）、开发（development）、传播（diffusion）、采用（adoption）"模式。这种模式导致对研究的层级化理解，把研究作为专业研究人员特有的领域，因而高高在上，教师只能是别人研究的旁观者、"消费者"，处于二流角色。当这样的理解成为一种强大的传统支配人们对研究的认识时，许多人就不能够接受教师即研究者的观念，甚至中小学教师本人也由此认为从事研究是不可能的、不适当的，或者认为是强加给教师的额外的负担。

事实上，从更广泛的意义上理解，研究是对待未知事物的一种态度。布科海姆曾有过这样的表述："教育研究不应该是专业人员专有的领域，它没有不同于教育自身的界限。实际上，研究不是一个领域，而是一种态度。"而研究态度与能力又是一个人创造力的集中体现，是一个人主体性的能动体现，是人的发展的基本手段。对于教师而言，当他走进教室，他将要教授的知识是早已熟知的，但是他的学生将怎样理解却是因每个人、每个时刻、每种环境而不相同的。因此，教师的工作永远充满着未知的因素，永远需要研究的态度。教师永远要年复一年地迎来新的学生，并且每个学生的发展都是特定的、具体的，学生每时每刻在每一种环境中都是不相同的，这正是教师研究的所在。

英国课程专家L.斯腾豪斯（Stenhouse）也认为"教师是教室的负责人，而从实验主义者的角度来看，教室正好是检验教育理论的理想的实验室。对那些钟情于自然观察的研究者而言，教师是当之无愧的有效的实际观察者。无论从何种角度来理解教育研究，都不得不承认教师充满了丰富的研究机会。"在他看来，"教育科学的理想是每一个课堂都是实验室，每一名教师都是科学共同体的成员。"

教师成为研究者，可以沟通教育理论和学校教育实践，使得教师群体从以往单纯知识传授者的角色定位提高到具有一定专业性质的学术层级上来，使教师工作更有专业尊严，增强教育教学工作的活力，更具生命力，使其"职业生命"更具意义和光彩。

（二）开展教育研究是教师专业化的要求

教师的教育教学实践具有极其复杂的社会情境，它既有特定的社会历史背景，又指向人们理想的某种未来；它既关系个人发展的问题，也是一种产生社会后果的"社会活动"。教育教学的这些现实特点使得教育教学实践不可能被简化为仅只是围绕既定的教材内容而展开的一系列活动，更不可能被简化成简单的技术控制过程。教师不可能仅仅是一个知识传授者或一个技术操作者，也不可能仅仅是某种抽象指令（来自官方文件或某种理论研究）的执行者。教学本身以及教学所处环境的复杂性，使从事教学的人必须基于他们对实践的深思而做出许多决定，必须对自己所处的环境，对自己行为的目标及其可能的后果进行审慎思考和判断。为了实现教学最优化，教师必须学会做出实践中的"决策"，必须成为一个研究者。此种要求，20世纪六七十年代以来日益突出和强烈。具体表现为：

（1）当代人们对教育的政治、经济等后果日益重视，进而认为教师有责任审慎地对待他们的教育实践，有责任对他们的教育实践、教育行为进行反思，以确保教育的正确方向，并尽量减少负面影响。这种责任的表现方式之一就是教师直接参与教学研究。

（2）最近几十年间，教学的"专业化"问题成为一个颇为教育界关心的话题。这个话题讨论的结果之一就是教师的专业特殊性，即教师对教育情境、教育过程和教育结果的深刻理解与把握，应该构成教师专业生活的一部分。教师的"专业特殊性"除了理解本学科的知识及其结构，掌握必要的教学技能外，还必须拥有一种"扩展专业的特性"，即有能力通过较系统的自我研究，通过研究别的教师和通过教学研究中对有关理论的检验，实现专业上的自我发展。教师的这些专业特性的形成和发展可能来自不同的渠道，而其中最有力而可靠的是教师自己的教学研究。

（3）日益频繁而且日见深刻的教学改革使得广大教师不得不经常面对"新生事物"——教育思想、新的课程计划、新的教学方法和手段。这些既要求教师在知识结构上的更新，也要求教师情感与技能上的适应。改革往往需要教师对这些"新生事物"做出评价与讨论，并以此作为教育改革的举措之一，使教师和学校在课程等问题上有更多的自主权和责任。改革既为教师从事研究提供了重要的现实基础，也使教师研究、探讨新形势下的教学问题显得尤为必要，成为许多教师从事研究的动因。

（三）开展教育研究是教师提高育人质量、形成独立教育教学风格的要求

随着改革的不断深入和竞争的日益加剧，人们对教育质量的关注程度越来越高，教育质量观也在发生着变化。对中小学校及其教师而言，没有良好的教学质量，就不会有"人民满意的教育"。如何不断提高教育质量，显然没有现成的、千篇一律的办法和经验。事实上，绝对的教育质量是没有的。如何根据教育对象、教育要求和教师自身的特点，形成自己的教育教学风格，需要每所学校、每个教师自己去探索和研究。

教育工作充满了复杂性和丰富性，教育教学工作没有最好，只有更好。任何一位教育家的成功经验都是有条件的，都是根据特定的对象、特定的要求、特定的内容和特定的自身条件创造出来的。一位教育工作者有没有自己对教育本质的思考，有没有自己对教育的个人见解，有没有自己对改进教育工作、提高教育质量的孜孜追求，并最终形成自己独特的教育、教学风格，是区分教书匠与教育家的分水岭。所有这些都是以强烈的研究意识和自觉的研究活动为基础的。

第三节　研究思维"孕伏"思想

一、研究思维的内涵

（一）思维

1. 思维的概念

思维是一种认识活动，是思维主体处理信息及意识的活动。思维是认识的理性阶段，是对感性材料进行加工，形成概念、判断、推理的过程。思维主体是可对信息进行能动操作（如采集、传递、存储、提取、删除、对比、筛选、判别、排列、分类、变相、转型、整合、表达等活动）的物质。思维主体既有自然进化

而形成的动物（如人），也（会）有逐渐发展完善的人工智能产品。

2. 思维的基本特点

（1）抽象性。思维是在感知提供信息的基础上，对客观事物进行加工处理的间接反映，是通过"去粗取精，去伪存真，由此及彼，由表及里"的思维活动，揭示事物的本质特性，预见事物的发展变化。

（2）概括性。思维的前提是人们已经形成或掌握概念。掌握概念，就是对一类事物加以分析、综合、比较，从中抽象出共同的、本质的属性或特征加以归纳。概括是思维活动的速度、灵活迁移程度、广度和深度、创造程序等智力品质的基础。

（3）间接性。间接性是思维凭借知识、经验对客观事物进行的间接的反应。首先，思维凭借着知识经验，能对没有直接作用于感觉器官的事物及其属性或联系加以反映。其次，思维凭借着知识经验，能对根本不能直接感知的事物及其属性进行反映。第三，思维凭借着知识经验，能在对现实事物认识的基础上进行蔓延式的无止境的扩展。

（4）逻辑性。逻辑性这一特征反映出思维是一种抽象的理论认识，表明思维过程有一定的形式、方法，并按着一定的规律进行。

3. 思维的高级表现

（1）分析与综合。分析与综合是思维活动最基本的认知加工方式，其他的思维加工方式都是由分析与综合派生出来的。分析就是将事物的心理表征进行分解，以把握事物的基本结构要素、属性和特征。

（2）比较。比较就是将各种事物的心理表征进行对比，以确定它们之间的相异或相同的关系。

（3）抽象与概括。抽象与概括是更高级的分析与综合活动。抽象就是将事物的本质属性抽取出来，舍弃事物的非本质属性。概括是将抽取出来的本质属性综合起来，并推广到同类事物中去。

（二）研究思维

1. 研究思维的概念

研究思维是研究者在科研工作中为解决科研问题而采用的科学思维方式。简而言之，研究思维是研究者运用一定的科学方法进行思考的过程。研究思维具有客观性、能动性、多样性、交叉性等特点。研究思维的基本过程如图1-1所示。

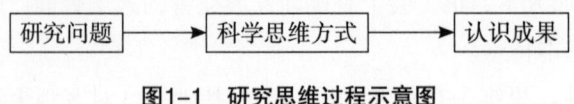

图1-1　研究思维过程示意图

2. 研究思维的基本要点

在实施研究思维过程中，支撑研究思维的要素有：其一，承认客观世界，包括教育领域内存在着各种各样的问题，而各种各样的问题是可以寻觅到有效的解决方法和措施，即运用科学的知识去认识问题、分析问题和解决问题。其二，要进行研究思维，必须针对教育界存在的问题进行大胆的想象、超乎常态的构思，进行严密的逻辑推理，并在此基础上提出科学假设。其三，任何研究思维，即使是"大家"的研究思维也需要投入实践、诉诸行动，通过探究后的实践检验，才能辨明研究思维的真伪，或是对研究思维的补充、完善。因为实践是检验和完善研究思维的唯一途径。其四，若通过客观实践，经历反复多次的行动尝试，那就可以累积形形色色的研究素材。当然，光有研究素材还不够，还需要找到研究思维在实践中的"精髓"，就必须进行归纳、提炼和概括。

由此可见，研究思维的基本要点是：事实与逻辑。即从事实出发，尊重事实、观察事实，以事实为依据并由此及彼，由表至里；即在事实依据的基础上，从形式逻辑方面进行科学、合理、缜密的推理，尽可能做到环环相扣、步步衔接，从而形成完整的研究思维框架。

3. 研究思维的内在结构

研究思维从思维到行动，包括行动流程与行动机制两个最主要的内在结构。

所谓"行动流程"，就是实施科研行动的一般"路线图"。从研究过程来看，涉及准备阶段、实施阶段、结题阶段。其中，准备阶段，主要解决方案设计、课题论证、开题报告等研究问题；实施阶段，主要实现以人员合作的学术方面的分工，落实学习、培训、实践、指导、反馈、推进等研究操作；结题阶段，主要对研究素材进行分类、归纳、提炼，完成研究报告、结题论证、修改完善、交流推广等研究任务。

所谓"行动机制"，也就是形成促进整个研究过程的内在动力系统。从推动研究的结构化要求来说，必须做到理论联系实践，把教育研究的过程"活化"为"学习—研究—发展"的机制。由学习作为科研的前提和基础，学习不仅能提升每一个科研人员的科研素养，而且为课题研究提供"学术分工"的可能性，最为关键的是为课题研究奠定了扎实的理性认知基础；由研究作为科研的主要内容和行动过程，实现"在研究中学习，在研究中行动，在研究中提高"的目标，解决教育教学中的实践问题，逐步实现在研究状态下工作，在工作中提升研究水平的研究目的；由发展作为科研成效的指标，"发展是硬道理"，由科研所促进的学校整体发展和教师专业成长也是硬道理。

二、研究思维的价值

（一）人文价值

1. 砥砺研究"自觉"

具有研究思维的教师，把研究作为一种乐趣，形成一种用研究的眼光、研究的态度、研究的方式来从事教学活动的工作状态，建立一种教育、教学、研究、学习一体化的工作、生活方式。从自身的教学实践中的问题开展自觉研究，"基于课堂、基于问题、基于学生"，以日常工作中遇到的问题为出发点，研究日常教学工作中的问题和困难，找到合适的方案和办法，解决问题和困难，提高工作的质量和水平。

2. 提升育人"涵养"

具有研究思维的教师更有育人涵养，体现在"三度"上：一是温度，就是充满温情和富有爱心，以一种宽容、理解和接纳的态度来认识和看待学生，从人性化的角度去理解、教育学生，以心换心；二是深度，就是有深厚的专业素养，常有"书香气"，用书香滋养心灵，以书香成就人生，自觉地推进教育改革，放飞学生想象的翅膀，拓展心灵空间和精神世界；三是风度，就是有幽默而诙谐的谈吐和具备优雅得体的举止。

3. 滋养教育"情怀"

具有研究思维的教师富有教育情怀，具体而言就是对教育的守望。对教育的守望，就是以一颗真诚的心去接纳学生，为每位学生提供个性发展的广阔舞台，让人人都感受到自主的尊严、存在的价值、心灵成长的愉悦；对教育的守望，就是用动态发展的眼光看学生，真诚地面对教育，睿智地对待中小学学生；对教育的守望，就是以积极的期待营造出有利于学生成长的环境，满足学生的认知、归属、自我发展需要，重视学生的体验，关注学生生命的需求以及生命激情的需要。

（二）实践价值

1. 完善研究"方法"

任何思维活动的进行都必须运用一定的思维方式，都要使用思维规定和逻

辑范畴。而各种思维方式都是一定的方法论的体现，同时也促进了科研方法的发展。古今中外的科学家及研究者们在科学上的成败得失，既有客观因素，也有主观因素。在客观条件一定的前提下，支配他们进行研究的哲学思想和科研方法将对其研究工作产生重要影响。恩格斯曾指出："一个民族要想站在科学的最高峰，就一刻也不能没有理论思维。"理论思维仅仅作为一种能力而言并不是天生的，而是靠后天认真的观察、思考和科研实践，靠不断进行的思维锻炼获得的。

2. 促进全面"发展"

研究思维的重要性不仅体现在科研工作方面，在其他方面的作用也是不可忽视的。在当今竞争激烈的科学研究领域，大家在知识的广度与深度上也许相差不多，但不同的研究者拥有不同的思维方式，且在从事科研工作时对思维方式的运用也有一定区别，这导致他们最终的研究成果往往差别很大。纵观整个科学发展史可以发现：那些思维方式别具一格的人，往往能够取得巨大的甚至是惊人的科研业绩。

（三）生态价值

1. 塑造教师"个性"

研究思维容易让教师在思想、性格、品质、意志、情感、态度等方面形成个性。个性是一种素养、一种品位。思路独树一帜，不拘泥于教学参考书，不受名家约束，做到别出心裁、不拘一格地设计，用自己的个性去演绎作品的个性；艺术与众不同，善于引导学生明是非、分主次、求同异，达到培养个性、发展创新能力的目的；风格别具一格，将独创性方法和与众不同的手段相融合，形成切合自己个性实际的教学风格，从而在教学上产生对学生个性教育的最大效果；品位略高一筹，培养学生的分析、批判能力，不迷信权威，勇于评价他人与自己，敢于发表不同的见解，发展独立自主的个性和创新能力。

2. 生发教育"智慧"

研究思维让教师更有智慧。智慧是一种境界，包括宽广的胸怀、渊博的知识、精明的头脑、机智的反应、敏锐的行动和幽默的语言等。能对学生的心理了如指掌，想学生所想，以高度娴熟的教育机智和教学技巧，灵活自如、出神入化地引领学生在知识的海洋里遨游；能用自己的智慧启迪学生的智慧，用自己的心灵呼应学生的心灵，用自己的情操影响学生的人格；能在情境交融中蕴涵着他的眼界、他的胸襟、他的理想，包含着浓烈的情，伴随着鲜活的境，展现着赏心悦目的教育美；能展示富有个性的教育风格，创造令人陶醉的教育效果，感受到教师职业无与伦比的美好，领悟到自己所做的平凡工作的不平凡价值，开启幽禁的思绪，以孩童般的灿烂扑向神秘诱人的天地。

3. 孕育教育"专家"

美国著名心理学家斯腾伯格曾提出确定专家型教师不同于新手的三个基本方面：第一个方面是关于知识。专家不仅要有所教学科的知识，如何教的知识以及如何专门针对具体要教的内容施教的知识，而且还要具有从事科学研究方面的知识，尤其在专家擅长的领域内，他运用知识比新手更有效。第二个方面是关于问题解决的效率。专家与新手相比（在专长领域内），能在较短的时间内完成更多的工作。第三个方面是洞察力。专家比新手（同样也是在专长领域里）有更大的可能找到新颖和适当的解决问题的方法。由此可以看出，专家型教师与一般教师最大的不同在于：专家型教师必须掌握一定的从事科学研究的知识和方法，具备一定的科学研究能力，即他们必须具备一定的科研素质。研究思维为专家型教师成长提供了可能。

三、研究思维的意义

（一）研究思维心态：决定教育研究状态

教师的研究思维心态是指教师在思维方式上对课题研究的反应和理解表现出不同的思想状态和观点。教师对待课题研究的思维心态有积极和消极之分，具有不同思维心态的教师对课题研究会有不同的状态，也就会产生不同的效果。

具有积极思维心态的教师，对课题研究像处于恋爱中的人对自己的恋人那样魂牵梦萦，有着浓厚的兴趣、火热的激情和执著的痴迷。在研究时间上舍得投入，做到合理安排工作和生活，尽量挤出时间用于研究；在研究精力上会全身心投入，做到勤于读书、勤于思考、勤于实践、勤于积累；在研究方式上会把研究作为自己生活的必需，会通过研究不断地增强自己的使命感、责任感和危机感，唤醒自己心中的动力。而消极思维心态的教师的研究会是一种"功利性"研究，对研究不会太有热情，也不是自觉自愿的，往往是为了应付评职称"加分"或是作为"敲门砖"而逼迫研究，为了应付学校或上级组织对教师的硬性规定和检查而研究。这样的研究是"要我研究"而非"我要研究"。这样的教师也不可能有多大的作为和建树。

（二）研究思维习惯：决定教育研究未来

教师的研究思维习惯是指教师积久养成的研究方式。教师的研究习惯有好坏之别，好的研究习惯能助教师成功，坏的研究习惯能使教师失败。所以，教师能

否成功与研究习惯密切相关，教师的研究习惯决定着教师的研究未来。

良好的研究习惯是教师的一种品质，教师只有保持良好的研究习惯，才能成为有魅力的教师。具有良好研究习惯的教师会把研究当成是一种工作责任、一种生活态度、一种精神追求、一种个人爱好、一种提升了的境界，自觉做到快乐研究、轻松研究、享受研究，会把研究这种理念内化为一种激情。良好的研究习惯会让教师受益终身。教师良好的研究习惯包括对研究有强烈的欲望和永不满足的精神，有热爱研究、主动研究的习惯；有把报刊当作学习知识的良师，把电视广播作为扩大知识视野的益友，把互联网视为获取大量信息的伙伴的多渠道研究的习惯；有抓住多种机会研究的习惯，即使是听学术报告、课堂观察等也不会放过，在听学术报告中捕捉不同的观点，在课堂观察中研究教学实践；有把自身研究活动以及活动过程中所涉及的有关事物、材料、信息、思维、结果进行反向思考，进行自我体验、反思研究的习惯。

（三）研究思维境界：决定教育研究深度

教师研究思维的境界是指教师在思想认识上对研究所达到的深度。教师研究的境界是基于其对研究的见识、理解与认知，表达的是其精神追求和人生价值取向的视角与层次。教师研究的境界决定教师研究的眼界。

教师研究的境界包括三重境界：第一重境界是"把研究作为完成工作的境界"。处于这重境界的教师是因为工作需要才研究，研究就是为了完成工作任务。第二重境界是"把研究融入到工作的境界"。处于这重境界的教师认为研究不是工作之余的研究，而是研究本身就是工作的一部分，辩证地说，工作本身就是一种研究。第三重境界是"把研究融入到生活的境界"。处于这重境界的教师会把研究作为生命的一部分去生活，让研究既是志趣，又是兴趣和乐趣，把生活研究化，树立"决心研究，至死方休"的精神。处于不同研究境界的教师对研究有不同的认识程度，在对待研究问题上也就有不同的态度。只有处于"把研究融入到生活的境界"的教师，才敢于去啃研究中的"硬骨头"，追求研究至高的境界。

四、典型研究思维

人们对自然界的认识，是通过概念、判断和推理来进行的。而概念、判断和推理都是使人们通过科学抽象获得对客观事物全面、具体认识的思维方式。从事科学研究，掌握科学的思维方式，对于科学地认识研究对象、有效地揭示客观规律具有十分重要的意义。在教育研究工作中，典型研究思维主要有判断、推理、想象和直觉等类型。

（一）判断思维

1. 判断的含义

判断是反映客观现实的一种思想，是对研究对象有所断定的一种思维方式。与概念相比，判断是较为高级、复杂的思维形式，并以之为基础获得对研究对象本质、全体和内部联系的认识。

2. 判断的特征

一是有所断定，即必须对某一对象有所肯定或否定。二是或真或假，即判断本身是一个主观认识与客观实际的结合，若二者一致，则这一判断具有真实性；反之就是一个虚假的判断，即对某一判断，二者必取其一。

3. 判断的辩证性

一个判断的表述由主词、谓词和系词组成。判断由概念构成，概念只反映事物的本质属性，而判断则反映事物具有或不具有某种属性；概念与判断之间相互依赖，相互对立，判断通过概念反映事物的本质。

4. 判断的作用

判断是认识活动的成果，也是科研工作的工具。尤其是辩证判断，在当代科学研究中具有重要的意义。在科学研究活动中，对任何问题、过程都需要进行真实的判断。可以说，没有判断，科学研究将无法进行，认识亦无法前进。

5. 判断的局限性

判断具有一定的局限性，主要表现在判断不能够简单地进行移植或叠加等操作。如特殊判断过渡到一般判断是否成立，取决于判断的前提、概念的使用以及判断之间的关联程度。

（二）推理思维

1. 推理的含义

推理是由一个或若干个判断过渡到新的判断的思维方式，是比判断更为高级的思维方式。一切推理都是由前提（已知判断）、结论（推出的新判断）和推理根据（真实前提与结论之间的必然联系）三个部分组成。推理的要领如下：一是推理需要充分的基础；二是推理需反复深入的思索；三是推理要基于正确的假定；四是推理需采用正确的逻辑；五是在推理过程中，不能将事实混同于对事实的解释。

2. 推理的种类

推理有多种分类方式，如直接推理和间接推理。前者是只有一个前提的推

理，而后者则是有两个以上前提的推理。

3. 推理的意义

推理如同概念、判断一样，具有其客观基础。推理过程中涉及的研究对象并非孤立，而是具有内在一致的联系性。推理过程受到研究者的控制，具有积极、主动的特征。推理最大的特点在于该过程可以使人获得新认识、新结论。

4. 推理的局限性

推理的局限性主要表现在需要拥有严格的前提、结论和根据，因此推理过程相当严谨，不能够随意使用未经证实的猜想或模糊的结论作为前提，也不能够得到模糊的结论。提出和证明猜想，已经成为当今创新的一条重要途径，仅仅使用严格的推理对创新有一定的约束作用。

（三）想象思维

1. 想象的含义

想象是人类所拥有的一种智能，是一种高级的形象思维活动。科学想象是指研究者在反复思考一个问题时，对已有的表象进行加工和重新组合而建立新形象的过程。想象往往能够激发灵感，有助于创造性的思考。

2. 创造想象

按照预定的目的，依据现成的描述，在人们的头脑中独立地创造出来新的形象"蓝图"的过程，即称之为创造想象。科学研究中的理论构建需具有创造性的想象思维为之开路。在创造想象中，建立新形象常用的手段是联想、拼接、移植、扩大或缩小等。

3. 想象的作用

爱因斯坦指出："想象力比知识更重要，因为知识是有限的，而想象力概括着世界的一切，推动着进步，并且是知识进化的源泉。严格地说，想象力是科学研究中的实在因素。"可以说，想象力是教育科研过程中不可或缺的因素，它并非单独工作，而是物化在整个研究过程之中，并起到催化科研成果诞生的作用。

4. 培育想象力

想象力是一种十分可贵的才能，但并非天生固有，而是通过后天的学习、锻炼而产生的，并在科研实践中逐渐地被培育起来。渊博的知识积累，丰富的记忆表象储备，勤于动脑思考，善于吸纳他人智慧，勇于开拓创新以及有目的、有方向性的联想等，这些条件都有助于想象力的培养。

（四）直觉思维

1. 直觉的含义

直觉，一般指对研究情况的一种突如其来的领悟或理解，亦指突然跃入脑际的、能阐明问题的思想。所谓直觉方法，是指在经验基础上不经过逻辑推理，而凭借理性直观，直接且迅速地获得对事物本质认识的洞见能力和方法。恰当地利用直觉，有可能直接从大量错综复杂的数据中迅速提取关键内容，总结出规则和定律。

2. 直觉的特点

直觉思维往往表现在研究问题时突然对问题有所领悟，直接跳过逻辑思维的某些论证环节而获得认识上的飞跃。直觉一般产生于大脑的潜意识活动，这时，大脑也许已经不再自觉地注意这个问题，然而却还在潜意识中继续思考它，一旦获得结果，就有可能被捕捉到而形成直觉思维。在该思考过程中，调用资料和进行判断均在潜意识中进行，因此思考速度可能远远快于表层意识。由于通过直觉得到的结论并未经过严格的逻辑推理与认证，因此该结论未必可靠，很可能存在遗漏甚至错误。从这个意义上说，直觉思维具有突发性、跳跃性、或然性和不可靠性等特点。

3. 直觉的作用

直觉在科研及创造活动中有着非常积极的作用，其功能主要体现在两个方面：一是直觉有助于研究者提出创造性的预见。创造都要从问题开始，而问题的解决往往有许多种可能性，能否从中做出正确的抉择就成了解决问题的关键。二是直觉能够促进研究者迅速做出优化选择。直觉往往偏爱知识渊博、经验丰富并有所准备的人，只有那些具备深厚功底的研究者，才有可能在很难分清各种可能性优劣的情况下做出优化抉择。

4. 直觉的产生

直觉出现的时机多为大脑功能处于最佳状态的时候，而思绪繁杂、混乱或疲惫时一般不容易产生直觉。在大脑功能处于最佳状态时，大脑皮层形成优势兴奋灶，对特定的信息进行迅速而准确的分析，使出现的种种自然联想顺利而迅速地接通。直觉经常出现在不研究问题的时候，要善于捕捉。直觉转瞬即逝，因此必须随时记录，最好是用笔记下，以备后查。

第四节 研究过程"生发"思想

一、研究的原则

教育研究原则是进行课题研究活动必须遵循的基本准则和要求。它是中小学教育科研规律的反映和实践经验的概括，是有效开展课题研究的根本保证。这些原则要贯穿于课题研究的整个过程，体现于每一环节之中。

（一）教育性原则

中小学课题研究主要是以中小学学生为具体研究对象，所以中小学课题研究不能违背教育性原则。研究者在课题研究的过程中始终应坚持为"育人"服务的思想，所从事的一切研究必须符合我国教育方针、教育目标的要求。在研究中应做到：

（1）中小学课题研究的目的、内容要符合教育目的的要求，应具有教育意义，不能进行任何影响中小学学生身心健康的研究。

（2）中小学课题研究的过程和结果要有利于学生身心健康和全面发展，不能因为研究的需要随便增加学生负担，加大家长支出，耽误学生学习，影响学生成绩。

（二）客观性原则

客观性原则是指课题研究必须采取严格的客观态度，实事求是，全面系统地占有材料，忠实地反映客观事实，最大限度地保证研究过程和研究结果的客观性、准确性。这是进行课题研究必须遵循的最基本的原则。在研究中应做到：

（1）必须全面、真实、系统地占有材料。课题研究的过程就是一个占有材料、揭示本质、发现规律的过程，没有足够的事实材料为依据，就不能有效地进行教育科研。因此，课题研究的首要环节就是尽可能全面地占有反映研究问题情况的材料，为分析研究提供可靠的和充足的依据。

（2）研究者要坚持客观的态度，收集资料、分析资料要客观。课题研究者必须尊重客观事实。搜集材料要全面、系统，绝不能凭个人的好恶，想当然地对材料进行有选择的收集。在整理分析材料时，也不能根据预先的假设，不顾客观事实，任意对材料进行删减甚至修改事实与数据。

（三）系统性原则

系统性原则是指用整体的、系统的观点指导课题研究活动。中小学教育不是孤立存在的，它是社会这个大系统中的一个小的子系统，更是教育这个系统中的一个子系统，所以研究中小学教育时，要考虑教育与社会的相互联系，分析家庭环境、社会环境的影响，更要和其他层次的教育联系起来进行综合研究，要考虑到社会、其他层次的教育对中小学教育的影响。

同时，中小学课题研究本身就是一种系统的研究探索活动。因而，中小学课题研究要有明确的目的、严密的计划、科学的方法、周密的组织、合理的程序和步骤，构成一个规范的科学的探索活动系统。

（四）理论和实践相结合的原则

理论和实践相结合是指中小学课题研究既要重视理论的指导，又要重视实践，将理论与实践辩证统一起来，密切联系中小学教育教学实际，使一切科学研究的结论都建立在广泛的严格的科学实验基础之上。中小学课题主要存在于中小学教育实践中，它的研究结果也多是为教育实践服务，但忽视理论指导、理论分析也是不行的。缺乏理论指导，往往流于皮毛，流于形式，不深入，层次不高。研究过程必须在正确的理论指导下才能取得成效，研究的结果必须经过理性分析，上升到理论才有普遍指导意义。中小学教师进行课题研究，特别要注意学习教育理论，进行理论分析，不要把研究局限在狭小的实用范围内。反之，不重视实践，没有规范的教育实验，则容易停留在宣传、解释、注释教育方针、政策上，难以深入具体，难以形成有说服力的、有科学根据的、又能指导教育实践的理论。

（五）创新性原则

创新性原则指的是中小学课题研究要有新意，能发现别人没有发现的问题，探索出别人没有实践过的富有创意的教育内容、方法、手段、措施等，也就是说要在原有认识的基础上有所发展、创造。这主要体现在对前人没有研究或研究得较少以及已有研究但从深化或相悖的方向来展开的研究上。中小学课题研究中的创新不仅是研究成果的创新，也包含研究内容、研究设计、研究方法以及研究技术的创新。课题研究中的新发现、新思想、新观点常常来源于研究设计、方法的创新。对中小学教师来说，只要围绕自己教学、管理工作中实际存在的问题来展开研究，解决工作中的困难就是创新。

（六）定性研究与定量相结合的原则

客观存在的一切事物均是质和量的统一体。在中小学课题研究中，同样应坚持定性研究与定量研究的结合，使科研规范化，使研究结果精确化。马克思说："一种科学只有成功地运用数学时，才算达到真正完善的地步。"一切笼统和大概的东西都是没有地位的，对所研究的对象不仅应有定性的分析，而且应有定量的分析。定性常常是定量的前提，定量则是定性的精确化。这就要求教育研究者要深入实际，细致观察，了解事物的真相，掌握进行理论分析的丰富而生动的事实材料，通过分析、综合、分类、比较及归纳与演绎等方法，运用理论分析和逻辑分析，把握事物的因果关系，认识和揭示事物的本质及规律。要善于在感性认识的基础上，透过现象分析主要矛盾，发现事物的本质特征，最终做出科学的、准确的定性分析。同时，要在了解事物的质量时，注意事物的数量，包括事物的大小、多少、规模、时间、空间、强度、变化程度和发展速度等，依据统计学的方法进行整理和简缩，找出其分布特征（如集中趋势、离中趋势、相关程度等），计算出一些具有概括性的统计数据（如平均数、标准差、相关系数等）。借助这些概括性的数据，使人们从杂乱无章的资料中获取有意义的信息，以便对不同的总体进行比较，作出结论。

二、研究的基本流程

课题研究具有合理化与系统化的程序。这种程序是中小学课题研究实际展开的基本顺序和步骤，是根据人们对于客观事物的认识规律而作出的逻辑安排。

（一）确立问题

教师开展课题研究，首先要从自己或他人的教育教学实践中发现问题，并按照一定的策略和程序，从众多的问题中选择一个需要研究、能够研究的问题作为初步选定的课题。但是，并不是所有的问题都能成为课题，那些不是教育科学领域的，或公认已经解决的，或不具有普遍意义的，或范围和任务不集中的问题，是不能成为研究课题的。

（二）界定研究内容

准确界定研究内容是课题研究的前提和关键，一个有待研究的问题不管大小，一般都是可以也应当进一步具体化的。研究内容的界定不但将课题分解为一个个可以直接着手的具体的问题，也规定了一定的范围，任何一项研究不可能也不必要将课题所能涉及的所有问题进行全面研究。中小学教师开展课题研究首先必须明了研究的内容，否则，研究工作将无从着手。如对"中小学学生自主学习能力培养研究"课题，我们界定的研究内容是：第一侧重理论方面。①自主学习的本质和特征；②自主学习能力构成和表现；③中小学学生自主学习能力形成和发展的过程和规律。第二侧重实践方面。①中小学学生自主学习能力培养的教学原则、教学策略；②以自主学习为核心的课堂教学模式；③各学科自主学习的特殊性。这样的内容界定使课题具体化、明朗化，问题结构有层次也比较清晰，各科教师都可以选定其中的任一问题作为课题研究的切入点、聚焦点和突破点，任何一个问题在解决的过程中必然会引申新问题，从而成为研究课题的派生问题。

（三）设计研究方案

研究问题明确后，就要进一步分析问题的成因，规划问题解决的方法和步骤。

（1）要了解已有研究成果，学习相关理论。任何课题研究都不是从"零"开始的，有效的研究都是以原有成果为起点的。教师要围绕课题研究的问题，搜集相关的文献，并对文献进行认真阅读和分类疏理，从而全面了解同类或相关课题研究现状方面的信息，明确已有的研究结论和经验，发现原有研究的不足，站在问题的前沿，寻找研究问题的理论支撑，保证研究工作在理论指导下有针对性地开展。

（2）提出自己的研究假设。这是研究方案中最富有个性化和创造性的部分。任何堪称课题研究的假设都应具有假定性、科学性和预见性。所谓假定性是说它具有推测的性质，即这种假设是现实中暂不存在的或未被确认的，或虽见于彼处却未见于此处的，它可能被实践证实，也可能被证伪，因此，假设决定了研究的探索性。但是假设又并非臆断，它以教育理论为导向，以经验事实为根据，以原有研究为借鉴，又经过研究者的论证和交流，因此，假设又具有科学性，正是科学性避免了研究的盲目性。假设也是一种走在行动之前的思想、一种先于事实的猜想，是研究者从思想观念上对未来的洞察和把握，所以它能使研究活动更富有预见性。事实证明，一个好的假设是课题研究的关键。当然，一个好的有价值的研究假设的提出是经过一个过程的，研究者要在研究过程中不断修改、完善研究假设。

（四）开展行动研究

研究方案只是一个解决问题的思路和设想，课题研究的核心是行动，行动是研究方案付诸于实践的过程，但是这种行动不是一般意义的行为和动作，而是一种变革、改进、创新，是一个寻找问题解决、创造教育实践新形态的过程。它具有以下特征：第一，验证性。检验研究方案的可行性，证实或证伪研究假设。这是课题研究的基本特征。第二，探索性。发现和寻找各种新的可能性。行动绝不是按图索骥的、按部就班的机械活动，而是一种积极寻找和探索解决问题、达到目的的最佳途径和最佳策略的过程。这意味着教师在行动时，不应拘泥于原有的假设和事先的设计，要根据实际情况，随时对方案做出有根据的调整、变更。探索性是课题研究的本质特征。第三，教育性。服从、服务于学生的成长和发展。任何行动都应该无一例外地遵循人道主义原则，体现教育活动的价值导向和人文关怀，无条件地有利于所有学生的成长和发展，这是行动的最高原则。验证和探索只有在完整地关注学生的全面成长的前提下进行才是有价值的、符合教育道德的。教育性是课题研究的灵魂。行动研究不仅需要行动，而且也要求"写作"，教师应将行动过程中发现的新问题、激发出的新思考、新创意忠实而全面地记录下来，并形成改进自己教学行为的方案，在以后的教学实践中做新的尝试，在尝试过程中再记录新发现，形成新思路，从而使自己的教学行为处于不断的重新建构之中。

（五）总结研究成果

总结在课题研究中既是一个研究循环的终结，又是过渡到另一个研究循环的中介。在总结这个环节中教师作为研究者主要要做以下几件事：

（1）整理和描述。即对已经观察和感受到的、与研究问题有关的各种现象进行回顾、归纳和整理，其中要特别注重对有意义的"细节"及其"情节"的描述和勾画，使其成为教师自己的教育故事或教学案例。这是叙事研究在课题研究中的体现，它会给教师的研究带来新的变化，教师作为研究者不再依赖于他人的话语而转向直接讲述自己的教育生活经历和教育生活体验，"做自己的事"，"说自己的话"。

（2）评价和解释。在回顾、归纳和整理的基础上，对研究的过程和结果做出判断，对有关现象和原因作出分析和解释，探讨各种教学事件背后的理念，揭示规律，提高认识，提炼经验。

（3）重新设计。针对原有方案及其实施中存在的各种偏差或"失误"，以及新的感悟、新的发现、新的认识和新的思考，修改原有方案或重新设计方案，并付诸予实施，进行进一步的检验、论证和改革探索。课题研究的目的是为了改进和改正，它不可能停滞在一个凝固的"成果"上，而是一个不间断的自我修订、自我完善的"过程"。所以，任何总结都只是意味着一个新的开始。

在上述工作之后，教师应该撰写一份相对完整的课题研究报告，其构成主要包括：①课题提出的背景；②课题研究的目的和意义；③已有研究成果；④课题研究的内容、目标；⑤课题研究的实施过程；⑥课题研究的主要结论。这是一般的体例，切忌将其形式化和绝对化，写作过程也要避免"科学化""客观化"的纯理论性论述，要积极采用生活故事和经验叙事来撰写课题研究报告，凸显课题研究的人文性、个体经验性，反映教师的个体体验和个体实践知识，使研究报告充满生活气息和人文气息。

课题研究过程是一个螺旋上升、循环发展的动态过程，它不是一个线性结构，而是一个不断的趋近问题解决的复式循环结构。

第二章
寻根究底，修炼问题思辨力

第一节　思辨出真问题

思辨力就是思考、辨析的能力。所谓思考指的是分析、推理、判断等思维活动；所谓辨析指的是对事物的情况、类别、事理等的辨别分析。思辨力是制约教师教育研究的重要因素。问题需要思考，更需要辨析。只有思辨，才能从纷繁复杂的教育现象中探寻真问题、实问题；只有思辨，才能探寻有研究价值的真问题；只有思辨，才能进一步凝练教师的思想。

一、现场扫描

课题的选择，是中小学教育科研工作的首要环节，也是关键的一步。这是因为课题的选择引导着研究方向，并制约整个研究工作的进行以及研究的价值。但在现实中，存在着一些教师找不到研究课题，不知道如何选择研究课题，或者选择的研究课题本身是"伪问题"而不是"真问题"等现象。

【现象一】不知为何选择

【案例1】笔者："张老师，祝贺你，你申报的《小学语文主题教学实践研究》通过了省教育科研规划部门的立项，谈谈你为什么选择这个课题？"

张老师："啊！这个问题嘛！我真的还没有想过……"

【问题诊断】张老师把课题选择出来之后，却不知道为什么要选择这个课题。这说明选题的目的不明确，表明张老师对该课题的认识还处于含混、朦胧状态。

【问题一】目的不明确

【现象二】不知选择什么

【案例2】如何帮助王刚提高说话能力

【问题诊断】类似这个问题在教学过程中经常遇到，但这是一个具体问题，反映的是个别现象，不能作为教育科研课题。教育问题必须具有一定的普遍（或典型）意义，问题的解决能够推动教育科学的发展或教育实践的完善。

【问题二】不具普遍意义

【案例3】如何提高教育质量

【问题诊断】这个问题虽然是广大中小学教师关心的普遍性问题，但是问题涉及的范围太大，任务不明确，仅凭中小学教师个人的力量是无法完成的，因而对中小学教师来说，它只是一个值得探索的领域，而不是一个合适的课题。

【问题三】范围太大，任务不明确

【案例4】xx省义务教育的质量现状调查研究

【问题诊断】这个问题仅凭一个教师或一所学校的力量难以获得全面的资料，对于中小学教师而言不具有可行性。

【问题四】不具可行性

【现象三】不知从何选择

【案例5】作为一名负责全县教育科研的工作者，经常接到教师或学校的电话：要求帮助选择一个课题，或者问从什么地方可以选择课题。

【问题诊断】教师"不知道问题在哪儿"或者"不知道去哪里选择教育问题"，这主要是没有把握住教育科研课题的来源或选择教育科研课题的途径所致。

【问题五】不了解课题的来源

二、思辨出真问题

要进行教育研究，首先要把教育理论和实践中需要解决的问题提出来作为一个研究课题。课题的选择是科学研究的起始环节，也是研究管理的基本单元。教育科研课题的选择的实质就是去发现值得研究并期待解决的问题，问题选择是否有理论与现实意义，问题切入的角度是否恰当与巧妙，都会直接关系到课题研究的质量与水平，所以，重视课题的选择这对于课题研究的规范性与实效性具有重要的意义。从广义上讲，选题包括两方面含义：一是确定科学研究的方向，二是选择进行研究的问题。

问题越辩越明，所谓"辩"则是以一定的逻辑基础为规则，通过摆事实、讲道理的方式与不同的观点交流、交锋，而"明"即清楚明晰。问题越辩越明就是说问题在与其他思想的论辩中更加清晰明白。认识问题的过程并非一帆风顺，它

是一个去伪存真、去粗取精的过程。在这一个过程中，辨析是必不可少的一个环节。在认识问题的过程中，辩可以使认识由片面到全面，由含混到清晰，由肤浅到深刻。大千世界万物运行，无数规律隐藏在表象的背后，需要我们去探索、去检验。然而，人们的认识水平是有限的，正所谓人非生而知之者，孰能无惑。于是，人们用辩来辨明真假，用辩来裁决真理和谬误。在辩的过程中，问题逐渐由表象走向本质。

第二节　问题思辨的渊源

有人说："问题即课题。"这句话有一定的道理，但不能说"问题=课题"，因为并不是所有的问题都会成为"课题"。只有在教育教学理论的指导下，经过选题，确定其具有研究的价值与可能性后，教育教学问题才可能转化成为教育科学研究的课题。

一、问题的特质

【案例6】普通高中与职业高中存在按分数分流，普教和职教完全分离、难以融通的问题。

【案例7】小学一年级新生对学校生活有新奇感，有自信心，但到了中高年级，中等生以下的多数学生自信心不强，发展的动力越来越不足。

案例6针对高中阶段学校普高与职高两类办学分离，办学模式不适应，探索实践"普职融通"；案例7针对"三好生"评价制度对学生的负面影响，探索实践"争章夺星促进小学生个性化发展"。从这两个案例可以得出课题中的问题所具有的特质。

1. 课题是专业性的问题

可以说，教书育人的每个环节都是实实在在的问题。从教育工作者的角度看，这些问题都是专业性问题。也就是说，教师每天工作中遇到的教育、教学和管理问题都是专业性问题，都属于教育科研可能研究的对象。

2. 课题是有价值的问题

做科研是有目的的，要追求某种价值的实现。问题的价值主要有几类：一是理论价值，即问题本身蕴涵着新现象，可能潜藏着新联系，有可能提出新原理或发现新规律。二是实践价值，即解决这个问题能推进工作，有助于提高教育质量和效益。三是工具价值，即解决这个问题能促进研究者的发展，或促进研究手段的改进、研究方法的创新。

3. 课题是需要探究的问题

并不是所有的问题都需要探究。常规的生活和工作问题，许多是靠常识、习惯和已有经验就能很好解决的，但也有问题是常识、习惯和已有经验解决不了的，这就得诉诸科学探究。科学探究的问题，从本质上说是人类已有的认识和实践还没有完全解决的问题，或虽有所认识和实践，但尚未完善的问题，总之是探索性问题、新问题。

4. 课题是能解决的问题

从问题解决角度看，有已经解决的问题，有尚待解决而基本能解决的问题，还有当前不具备解决条件的问题甚至无法解决的问题。科学研究要探究的是第二类问题，即尚待解决而基本解决得了的问题。

二、问题的主要来源

（一）在教学中发现问题

1. 将教育实践活动中迫切需要解决的问题直接转化为研究课题

【案例8】在新课程实施中，教师如何在课堂中真正落实探究教学，我们确定"探究式课堂教学的实践研究"，探索探究式课堂教学的模式、探究策略、探究原则、评价体系。

案例8是教师在新课程实施中如何让探究教学落实，探索探究教学模式、探究策略、探究原则等，都是迫切需要解决的。教育教学实践中教师可以把那些重要的、迫切需要解决的问题转化为研究课题。

2. 从教学实践的疑难、矛盾和困境中发现研究课题

【案例9】李老师希望在合作学习中突出"合作"的实效，以此为基点对全班学生进行分组、安排合作活动，试图改变教学方式和学生学习方式，但实施下来效果并不明显，学生的学习成绩还受到了一定的影响。

【案例10】王老师从"培养学生创造力"的指导思想出发，在教学中布置较有挑战性的作业，但这种做法却导致一部分学生跟不上功课，产生挫败感，最终厌学。

【案例11】傅老师为了提高教学质量，在课堂教学中尝试"生本课堂"，以改变原来的"填鸭式"教学，但周围同事或学生家长却不认同，认为她在出风头，会影响学生学习。

【案例12】母老师充分发挥学生主动性，还课堂于学生，让学生当"小老师"，一段时间后，发现教学进度严重滞后。

案例9中李老师的理想与实际存在着差距；案例10中王老师与学生的目标之间存在着冲突；案例11中教师与领导、同事或家长对教育教学存在着不同甚至对立的看法；案例12中老师存在"两难困境"。上述的疑难、矛盾和困境都可成为教师的研究课题，教师在研究的过程中找出化解问题的方法，从而走出困境，提升教学效果。

3. 从具体的教学场景中捕捉研究课题

【案例13】教数学的严老师从七年级开始开展小组合作学习，一学期下来课堂教学气氛得到很好营造，尝试初见成效。但随着时间的推移，严老师发现了一些令人不满的现象：合作学习中遇到意见分歧时，小组成员你说你的思路，我说我的见解，缺乏必要的倾听、讨论等合作技能，没有实际效果；部分学生依赖他人，坐享其成，或趁机偷懒，"游离"在课堂之外；很多学生易被他人同化，合作时"人云亦云"；等等。严老师认为其本质问题是不少学生不能合作，合作流于形式，缺乏教师必要的指导。为了有的放矢开展研究，严老师在教师和学生层面进行了问卷调查与个别访谈，进一步明确了教师在小组合作学习中的分工、讨论、反馈、评价方面缺乏有效指导的具体问题，厘清了研究思路。至此，严老师顺利地就将课题确定为"初中数学小组合作学习指导策略研究"。

案例13中严老师能敏锐抓住理念向课堂转化过程中的本质问题，展开跟进式研究，找准了具有普适意义的课题。教师一定要学会关注自己的教育实践现场，善于从中发现问题、提出问题。教师要认识到，研究课题实际上大多并不是来源于理论材料的占有和分析，而是教育实践场景。可以这样说，真实的教育实践场景既是研究得以进行的主要依托，又是发现问题的重要所在。教育场景蕴涵了大量的甚至是无穷无尽的待研究的问题。而要在教育场景中发现这些问题，则需要教师具有较强的问题意识和高度的敏感性。要能够在稍纵即逝的现象中捕捉问题，甚至在貌似没有问题的地方发现问题，不放过任何可以提出问题的细节和现象。

（二）在阅读中萌生问题

教师的研究课题应主要来源于教育教学实践之中，并不是说教师可以完全放弃对理论资料的占有，可以在"无阅读"的状态下做任何研究。实际上，占有一定数量的研究成果，研读、学习相关的理论文献，对教师来说是很必要的。与此同时，这也是研究课题的另一个重要来源。

1. 他人研究可以为教师发现研究课题提供启示

通过阅读文献资料，在了解他人的研究基础上，教师可以发现自己要研究的课题。这主要有以下几种情形：

第一，研究与他人相同的问题，但是阐发自己的观点，得出自己的结论。例如，看到别人研究"基于语篇的小学英语教学模式研究与实践"，自己在思考的基础上，发现自己能得出不同的主张、不同的研究结论，于是选择同样的问题进行研究。

第二，选择一个与他人的问题类似、接近的问题进行研究。例如，了解到别人研究的"留守儿童教育对策研究"这一问题，自己选择"农村留守儿童的闲暇教育研究"这一问题。

第三，选择一个比他人的问题更具体或更深层次的问题进行研究。因为前人或他人的研究成果总会留下他们所没有解决的问题；同时教育在发展，一个问题解决了，往往又会引出另一个新问题。例如，生本课堂是近年来备受关注的一个问题，涌现出大量的研究成果。但是当阅读了若干有关生本课堂的研究文章之后，就会发现目前生本课堂的研究还侧重于理论研究，且较为笼统和粗糙，与实践联系不足，尚未把有关理论与教育教学实际工作融会贯通在一起。教师在阅读研究成果时，要时时注意结合自己的工作实际进行有针对性的思考，将自己已有的经验与阅读材料中的分析相联系。

2. 教育信息可为教师选择研究课题提供线索

【案例14】慕课、微课、翻转课堂等教育新理念、教学手段不时见于报端，课堂教学如何与信息技术深度融合，如何让慕课、微课、翻转课堂等得到有效应用，由此开展"小学语文教学中'微课'的有效应用研究"。

案例14中研究课题来源于教育类的报纸杂志。事实上，教育报刊上有很多信息，经常阅读教育类报纸和杂志，可以从其提供的教育信息中发现很多有价值的课题。

课题指南也是为教师提供教育信息最为直接的一个渠道。为了提高教育研究的水平，有计划地进行教育科学研究，国家、省、市教育领导机构在认真分析全国和各省、市的政治、经济和教育发展状况基础上，分别制定出一定时期教育科研课题指南和规划，为进行教育科研选题提供依据。例如，各级教育科研主管部门往往会以年度教育研究课题指南、五年规划课题指南、委托课题等形式提供一

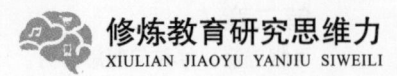

系列的教育研究课题；哲学社会科学的科研主管部门提供的哲学社会科学研究课题指南中，也往往包含一部分教育研究课题。教师可以密切关注课题指南，结合自己的实际情况选择具体的研究课题，进行申报。

从教育信息中选题，与教师平时做一个有心人，眼光敏锐，阅读广泛，善于积累，经常进行信息资料分析是分不开的。因此教师应及时掌握教育信息、教育动态，做好情报资料的搜集和分析工作，提高从教育信息中发现科研课题的能力。

（三）在交流中激发问题

【案例15】陈老师在小学英语界颇有名气，教学方法灵活，课堂气氛活跃，学生学习英语兴趣浓厚。为了进一步提升教学水平，陈老师想到开展课题研究，但苦于没有项目。在与县小学英语教研员的交流中，她明确了小学英语教学的实质就是通过语言教学，达到"工具性与人文性双性并举"之目的，由此她结合自身的教学特色，确立了"小学英语中高段词汇教学趣味化课堂研究"。

案例15中陈老师从与教研员进行教育教学问题的讨论中得到启示，从而发现需要研究和探索的问题，并通过对有关问题的深入思考，进一步将有关的问题发展为教育研究的课题。事实上，有不少教育研究课题正是通过这种途径提出来的。

首先，可以从其他教师的成功经验或失败教训中总结出研究课题。在与他人的交流中可以获得大量的信息，因为每一位教师都会在教育实践中积累不少的经验与教训。

其次，教师与持有不同理论观点的教师进行交流，可以为其提供一个相互冲突的对立面，为提出研究课题提供参照。不同观点之间的碰撞、交锋有利于扩展研究的视角和视野。在进行争论的同时，只要选准角度，突出个性，就能选择很好的研究课题。

三、课题的表述

课题名称需用具体明确的语句来表述。一般来说，一个好的课题名称应当能够反映出所研究问题的最主要的信息。课题名称的确定与表述是课题研究的具体化，它是将一个研究方向演化为一个确切的研究课题的过程。它对课题研究起着决定性的作用，课题研究的开展和各个环节的活动都要紧紧围绕它来进行。因此，研究者应结合自己要解决的问题，反复推敲，精心选择，给出恰当的名称。

【案例16】良好的学习习惯是提高中学生语文学习成绩的基础。

【分析】这个表述是论文形式，用的是判断句。课题表述不是论文题目的表述。课题是问题，要体现问题性，而论文是研究成果的表述形式；因为已经取得了研究结论，所以论文题目可以用肯定的语句表述，课题一般用陈述句表述。

【改进】"培养中学生良好的语文学习习惯的研究"，或"培养中学生良好的语文学习习惯，提高其语文成绩的研究"。

【案例17】学生学习规律的研究。

【分析】这个课题太大、太笼统，研究起来难度较大。

【改进】小学生学习方法的指导研究。

【案例18】自我学习能力形成的研究。

【分析】这个课题表述不完整，缺少研究对象。

【改进】初中生自我学习能力形成的实践研究。

【案例19】小学生课外阅读的调查。

【分析】这样表述总体范围就成了全世界的小学生了，无法调查。

【改进】××市小学生课外阅读现状调查。

从上述四个案例可以看出，课题名称的表述要注意以下三点：

（一）课题名称的表述要意义准确

课题名称的表述要意义准确，就是说课题名称要能明确地表达出这项研究的主要内容和主要问题，行文含义要明确。

首先，要求课题是一个有确定涵义的具体问题。教育科研课题的大小要适中，如果课题太大、太笼统，就会使研究无从下手；如果课题太小、过于狭窄，就事论事，就会使课题研究失去应有的意义和价值。

其次，对课题名称中的核心概念要给予界定，明确其内涵和外延，从而使研究在统一的基础和前提下进行。否则，在研究过程中容易"偷换概念"，或出现目标的变更或方向的转移，也可能产生研究范围的扩大或缩小等情况。

再次，课题的表述要清楚地说明本课题的研究范围。研究范围是对课题的研究对象总体范围的具体规定，主要明确研究的角度。因为一个问题的研究完全可以从不同的角度去进行，不同的角度规定了不同的研究对象范围，因此，课题名称的表述应明确研究的角度，从而明确本课题对象总体的范围。研究某一课题必须在特定的范围内进行，如对此不加限定，将导致研究的困难和名不副实。

（二）课题名称的表述要突出主题

课题名称的表述要突出主题，就是说课题的表述要力求反映研究的焦点和研究方向，这样有利于研究者明确研究内容，抓住研究重点。有些课题的表述涵盖的范围过于宽泛，论题不集中，或者题目太大，无法操作，使研究的思路无法集

中。避免以上问题，应做到以下三点：

一是课题表述的用词要具体化，即尽量使用特定涵义的词汇来代替泛泛一般的词汇，课题表述应尽可能将研究的关键词包括在内。课题表述通过使用具体化的词汇就使得课题研究具体明确、主题突出，也便于操作了。

二是教育科研课题的表述应只有一个主题。遇到有不止一个主题的情况时，应分为相应数目的课题，或化为相应数目的次级课题，并定出能包括这些小题的总课题的名称。

三是要明确课题研究中的变量关系。在表述研究问题和研究具体信息时，课题名称中涉及的自变量与因变量的逻辑关系一定要清楚，这样才能为研究活动提供一个聚焦点，为下一步进行具体研究设计奠定基础。

（三）课题名称的表述要规范、简洁

课题名称的表述要规范，就是说课题表述所用的词语、句型要规范、科学，要用学术性的科研术语，不可生造词语，以免造成理解上的歧义。课题名称的表述也不能用比喻句、反问句等，最好用陈述句。课题的表述一般应包括三个部分，即研究的问题、研究的对象、研究的方法。如"个别化教育理念下自闭症儿童课程的实践研究"，研究的问题是"课程开发与利用"，研究的对象是"自闭症儿童"，研究的方法是"行动研究法"。有的课题，如"融合教育学校对随班就读学生教育支持体系建设的研究"，表述中没写研究方法也可以，但研究的对象和研究的问题必须表述清楚。此外，表述中一般不宜使用略语、阿拉伯数字、拼音字母等。课题名称的表述还要力求简洁。表述要在意义准确的前提下，用最简短精炼的课题名称表达出完整的意思。不必要的字应省去，使人一目了然。课题名称的表述虽未严格限定题目的字数，但一般在20个字以内。

一个好的课题名称应能提供课题研究的主要信息。课题名称一经确定，就不宜中途更改，以免打乱后继环节的工作。课题名称的酝酿是教师进行科学研究的第一步，有了好的开端，才可能有好的结果。

第三节　问题思辨的思维策略

思维策略是研究者思考问题方式的具体表现，是个人心智水平的凝结。选题思维策略既是教育科研人员研究思维方式的具体表现，也是活化研究者知识储备的催化剂和反映研究者"学术主见"的试金石。具有新意的选题能够体现研究者独到的、个性化的思维策略，而缺乏新意的选题则反映研究者拙劣的思维策略。

一、发现问题的思维前提

1. 要具有"求变"的思想

思想决定行为。教育科研人员要具有"求变"的思想，这是发现问题的前提。人类从事科学研究活动，不是为了解除危机或困惑，就是为了寻找更高的自由与完美，不管是出于哪一种动机，都与改变现状相关。安于现状，不求改革，就不会有发现的冲动。因此，这一个前提对于我们中小学教师来说也许更值得重视。中小学教师或教学行政人员承担着繁重的教学任务或行政工作，为了完成这些工作任务，他们花费了许多时间与精力。

若不善于思索或不好思索，繁重而琐碎的具体工作很可能压抑理论思维的兴趣，熄灭探索的热情，因此，我们要保持探索的精神。从某种意义上说，中小学教师要比专职教育研究人员付出更大的意志与努力。因为实践只有对于好思索与善于思索的人，才会真正成为创造的源泉。

2. 要具有"研究"的心智

心智是指人们对已知事物的沉淀和储存，通过生物反应而实现动因的一种能力总和。它涵盖了"哲学"对已知事物的积累和储存，结合了"生物学"的大脑信息处理，即"生物反应"，运用了为实现某种欲需（动因）而从事的"心理"活动，从而达到为实现动因结果而必须产生的智能力和"潜能力"。教育科研人员要具有"研究"的心智，就是要对自己所研究的领域有一定的了解并经常关注研究动态的发展。一个人在自己头脑的空白区是不可能发现任何有价值的新问题的。有志于教育研究的人，至少应具备教育学的基础知识，懂得哪些是教育学的基本问题和基础原理，这些基础性知识与原理和教育实践的关系如何，使自己有可能在此基础上思考新问题。不然，尽管一时也可能从实际中捕捉到一些有价值的问题，但从长远看，恐怕终将难成气候。

3. 要具有"思索"的习惯

习惯是一种生活状态。教育科研人员要具有"思索"的习惯，就是要经常阅读教育方面的报纸杂志，及时了解当前国内外教育理论界和实际工作者在关心一些什么问题。这样一方面有助于研究者把握教育研究的时代脉搏，另一方面可以使研究者的头脑经常处于"激活"的状态。

我们知道，人在阅读时，头脑并不只是被动接受，尤其是在阅读一些富有新意的材料、争议性的文章时，常常会引起阅读者的思考与联想：思考某个观点是否真有道理，某些不同论点究竟哪个更接近真理，分歧发生的原因何在，如何才能解决问题等。同时还会拿自己头脑中的观点与文章中的观点加以比较，或者联想自己实践中遇到的类似（或相反）的问题，联想到自己的经验等。活跃的思维是产生问题的沃土。阅读学科领域内的新文章与新书籍在这方面具有重要作用。诚然，教育科研人员的阅读并不限于教育科学领域内的论著。研究越广泛、越深入，就越有可能在阅读其他领域的学术著作中受到启迪。

二、发现问题的典型思维策略

1. 批判思维策略

批判思维策略是教育研究者怀疑的思维品质的具体化。它常常表现为，研究者有意站在现成的理论、权威的观点的对立面，从相反的方向怀疑它们的合理性，寻找反驳它们的突破口，或者对教育教学实践中习以为常的现象进行质疑。简单地说就是反向求新。运用这种策略选取的课题往往具有挑战性、颠覆性和火药味，也有利于更清醒地认识问题，更有效地解决问题。

【案例20】"三好学生"评价模式沿袭了多年，这种评价模式引起了我们的反思。"三好学生"评价只让少数学生获得成功的体验，忽略对大多数学生的激励；其标准化与划一性，忽略对学生个性化的激励；过于强调终端评价，缺乏渐进性与延伸性，不利于大多数学生素质的可持续发展。为此，我们开展了"争章夺星"活动，促进学生个性化发展研究。

案例20中对多年的"三好学生"评价模式进行批判，分析了存在的弊端，提出了"争章夺星"评价模式，并开展实践研究。中小学的日常教育活动日复一日，年复一年，重复度很高。久而久之，教师容易对某些教育现象习以为常、麻木、不敏感。运用批判的策略，能够有效刺激教师麻木的神经，使教师反思日常教育行为，质疑内隐的教育观念，提出有新意的研究主题。但是，批判不是"对着干"，不是无理取闹。运用批判思维策略总是有所依据的。作为批判的依据主要有两个方面：一是事实与经验，二是逻辑。

作为批判根据的事实与经验，总是与现有结论或常规不一致甚至相悖的。比如，"三好学生"评价模式在实践中存在重视智育，轻视德育、体育，容易让学生产生"学习成绩最重要"的错误印象，影响其全面发展，也容易让家长与教师都按照"三好"模式去教育孩子，忽略孩子个性塑造和潜能开发。由此，我们可以对"三好学生"评价模式提出一系列疑问："三好学生"评价模式的价值取向是什么？目的是什么？在具体操作过程中出现了什么偏差？评价结果是如何运用的？评价结果的运用有何影响？等等。

逻辑是检验理论合理性的有效工具。对理论的逻辑推敲，可以从推敲概念，尤其是一门学科的基本概念做起。对于一时十分流行的概念也应仔细推敲。如，新课程倡导"自主学习、合作学习、探究学习"，那么，课堂教学中是否还需要"传授式学习"？"自主、合作、探究"与"传授式学习"有何矛盾？如何做到两种学习方式的有效融合？

通过批判提出的问题，经过研究后有两种可能的结果：一是部分或完全证实了研究者的怀疑，提出了使人们对这个问题的认识向真理更逼近一步的结论，科研获得成功，取得成果。诚然，这是令人喜悦与满意的结果。二是与此相反，研究的结果证明研究者怀疑错误了，维持了原来的结论，科研没有取得成果。当然，这是令人遗憾的结果。然而，研究者大可不必为此沮丧与灰心，不要因此而丧失怀疑的勇气。

2. 逆向思维策略

"逆向思维策略"中的"逆"是指方向上的回逆，如果我们一般的认识是由此及彼，那么逆向思维就应该是由彼及此。

【案例21】班级授课制虽然存在诸多的优点，但其不足主要表现为：不利于学生创新意识和实践能力的锻炼提高；难以满足学生个性化的学习需要；学生的交往受到限制；不利于培养学生的志趣、特长和满足个性化的学习需要。我们在反复调研、分析的基础上，提出了"走班制"实践研究。

案例21中，从班级授课制的逆向——存在的不足进行思考、分析，在此基础上提出了与班级授课制相反的、全新的授课制——"走班制"，这种逆向思考往往会获得有新意的研究主题。

3. 类比思维策略

类比思维策略主要通过两类事物相互比较，发现异同，寻求有新意的研究主题。类比思维策略主要包括以下两种具体的策略：

第一，通过与其他学科研究对象类比和借用其他学科的理论、方法来发现本学科研究的新问题。

【案例22】教小学英语的江老师，一次偶然的机会，在学校成果室拜读了数学教研组的"小学数学游戏化教学实践研究"课题成果。江老师读别人的成果，想自己的教学，她突然萌发了也要开展"小学英语游戏化教学实践研究"。

案例22中，江老师要研究小学英语学科，向小学数学学科"借"来新的理论、新的方法，对游戏化教学加以研究，这对习惯了的老问题产生新认识，赋予其新意。

第二，面向实际生活，从日常生活经验中提出教育科研课题。

【案例23】学校教科室夏主任经常到班听课，发现了一种"有趣"的现象：不少教师在一名学生发言完毕后，马上会问其他学生"还有更好的吗？"；考试结束后，在做学生的思想工作时，对排名最后的学生会说："不要害怕自己是倒数第一。"对第一名学生会说："没有最好，只有更好。"夏主任在思考：这是一种什么评价？对学生心理有何影响？如何进行矫正？经过调查与思考，夏主任以"教师对学生暗示性消极评价的表现及矫正案例研究"为题展开了研究。

案例23中，夏主任以实际教学中教师不经意的评价对学生可能造成负面影响为原始素材，作为选题的突破口。事实上，现实教育生活中蕴含着大量可以借鉴、提升的原始素材，如果教师善于发现教育生活中的点滴事件，将其迁移到教育研究中来，就可能形成富有新意的选题。

其实，善于用类比思维策略来发现问题的人，在思维品质上往往表现为较强的迁移性和概括性。他们善于发现表面上看来不甚相近的事物间的相似之处，能在较抽象的层次上对它们进行概括、比较，"横向求新"，从而为思想搭建桥梁。

4. 聚类思维策略

在教育科研选题中，研究者运用聚类思维策略是为了发现研究对象之间的内在联系，把相关对象整合为一个研究类型，以整体类型为研究对象，探索类型的内在机理和外部功能。

【案例24】邓老师在高中化学教学中发现，无论是新授课还是复习课，无论是概念课还是实验课，无论是归纳课还是演绎课，在探究设计的程序、原则、组织学生探究上都有很大的相似处，他将其聚类为"高中化学探究点的设计及应用研究"。

案例24中，邓老师把新授课、复习课、概念课、实验课、归纳课与演绎课等六种类型的课中的探究点整合到"探究点的设计及应用"中来，进行聚类研究，整体把握"探究点"设计的本质。

聚类思维策略要求研究者具有相当的抽象能力，能够从局部的、零碎的、经验性的研究对象中抽象出它们共同的类型，以此统领所研究的对象。而中小学教师往往受经验所限，只能就一事论一事，缺乏聚类意识，不善于聚合具有内在联系的教学事件，不善于把相关教育经验"串联"起来，这使得许多中小学教师的教育研究不能深入，缺乏提炼，流于表层。运用聚类思维策略有利于中小学教师有效改进思维方式，使自己从具体的现象中超越出来，站在高一层次的平台上俯视教学经验中的种种问题，并从根本上把握教育经验。

5. 转换思维角度的策略

转换思维角度，是指从与原有结论不同的角度进行思考，或从不同的层次上来认识原有的研究对象，以形成关于对象的新的认识。这种认识的产生不以否定原有结论为前提，它需要摆脱原来的思维定势和已有的知识影响，另辟蹊径。常见的转换思维角度类型如下：

（1）在同一层次上的转换，从思考问题的一个方面转向另一个方面。

【案例25】M学校历来重视学生德育活动的开展，以"弘扬传统文化、养成文明礼仪"为主题；以礼仪、礼貌、礼节教育，培养学生良好的文明礼仪习惯为重点内容；以唱响国歌、遵守规则、志愿服务为突破口；着眼于全面提高学生的思想道德素质和文明礼仪素养，把"校园礼仪"主题宣传教育实践活动作为加强与改进学校德育工作，德育教育扎实有效。但近段时间来，特别是高年级中有逆反心理、嫉妒、自卑等不健康心理的学生在增多，为了增强学校德育工作的针对性和实效性，学校决定开展学生心理健康教育研究。

案例25中，传统文化教育、文明礼仪教育与学生心理健康教育都属于德育教育范畴，学校根据实际，从以"弘扬传统文化、养成文明礼仪"为主题，以礼仪、礼貌、礼节教育为重点的研究视角，转变为"心理健康教育"，这改变了研究学校工作的视角。

（2）在两个不同的层次上进行转换。

【案例26】情境教育是著名小学语文教育专家李吉林老师花了30年，倾注了全部的精力打造出来的。李老师从情境教学到情境教育，再到情境课程，开拓了一条情境教育的康庄大道。它是古今中外优秀的、进步的教育理论跟李吉林老师自己的教育实践、教育创新相结合的成果。

李吉林老师的研究从情境教学到情境教育，再到情境课程，就是在"教学—教育—课程"三个不同层次上进行转换，开拓了一条情境教育的康庄大道。其实，在两个不同的层次上进行转换，包括从较抽象转化到具体，或从较具体的层次的研究转向较抽象的层次。

（3）把研究的重点放到事物与事物之间，同一事物不同发展阶段之间的结

合部。

【案例27】学校为了让学生在高中起始阶段尽快适应高中语文的阅读教学，实现学生由初中到高中的平稳过渡，开展了"初高中语文阅读教学衔接的实践研究"，内容包括语文阅读知识的衔接、阅读能力的衔接、学习心理的衔接等。

语文阅读教学在不同学段有不同的层次要求，上述案例对初中和高中两个学段展开研究，以如何衔接为研究视角，开发了研究的新课题。

（4）通过比较。

【案例28】我国"两岸三地"现行初中数学教科书比较研究。

【案例29】人教版小学数学"课标实验版教材"与"课标2011年版教材"比较研究——以"数与代数"领域为例。

案例28对我国"两岸三地"现行初中数学教科书进行横向比较；案例29对人教版小学数学课标修订前后的教材进行纵向比较。

上述几种变换思考角度的类型虽有许多不同，但有一点是共同的，那就是都是向研究较少、较薄弱的方面转化。当对事物一方面了解得较清楚时，就转向不甚了解的方面。当对事物各方面了解得较清楚时，就转向它们的关系与连接处，或寻找更高层次的问题；当研究已达到相当水平时，就转向较具体而细致的分析研究。这样的转向有利于把人们对事物的原有认识推向新的水平。

第四节　问题思辨的方法论

思维策略决定研究课题选择的深度与广度，但要选择一个有研究价值、适合自己的课题，还必须有一套可行的、科学的选择问题的方法。可以说，科学地选择问题的方法是选到一个"好课题"的关键。

一、课题选择的原则

选题原则就是进行课题选择时应当遵循的基本要求，其实质是为课题选择活动提供某种行为准则和标准。为了保证研究质量，选择课题时应遵循以下原则：

1. 价值性原则

选择的价值性原则，是指课题要有理论学术价值和实践应用价值。这主要表现为能满足教育工作实际的需要和教育科学本身发展的需要。教育为一定社会政治、经济、文化所决定，又影响着政治、经济、文化的发展。随着现代社会的飞速发展，教育面临的问题越来越多，要求研究者去探索、去解决。通过教育科研的途径，可以使我国的教育事业在迅速发展的过程中得到科学的指导，少交"学费"，少走弯路。同时，教育实践的不断发展也要求教育理论不断更新、发展与完善。这不仅是教育理论自身发展的需要，也有利于提高理论的指导性，加强对教育实践的指导力度，也反映了人类对教育认识的水平在不断地提高。因此，在选择教育科研课题时，一定要考虑教育事业和教育理论发展的需要，所选课题应具有一定的理论价值和应用价值。

该原则充分反映了开展一项科研的必要性和迫切性。科学研究本身就是一种目的性和针对性很强的探索活动，这就要求作为科研起点的选题必须符合教育科学理论自身发展的需要，利于验证、批判和发展教育理论，完善教育科学本身的理论体系；必须符合教育实践应用的需要，利于指导具体的教育教学工作，全面提高教育质量。对于大部分教育工作者而言，后一方面的价值始终是第一位。当然，若用长远的眼光来看，不管是哪种类型的研究课题，它都必须首先指向其教育实践应用方面的价值，即使侧重教育理论学术价值的课题，其最终目的也是指导教育实践应用，最终也会转化为教育实践应用方面的价值。

2. 创新性原则

选题的创新性原则，是指所选研究课题必须具有新意，有独创性和突破性。选择前人没有研究或研究极少的课题是创新，但老生常谈的问题也可以做出创新性的成果。新视角、新方法、新途径一样体现创新性，许多有创新性的教育新思想和新观点，往往是来源于研究设计、研究方法或研究技术等方面的创新。创新并非一定要另外开垦一片无人问津的"处女地"，而是要善于把继承和创新结合起来。科学研究总是在前人已得出的科学发现的基础上进行探索，站在前人已有高度向更高的科学高峰攀登。

总之，为了获得具有创新性的成果，教育科研应从多方面创新：第一，重视选题的创新性。要从新问题、新事物、新理论、新思想、新经验中选题；要把握时代的脉搏，从热点上选题；从独特的角度来看问题，在未开垦的处女地上进行挖掘。第二，在研究方法上创新，采用新的研究方法、手段或技术，改进、完善某些已有的研究方法。第三，在应用上创新，将一种已有的理论方法首次应用到教育领域。

3. 可行性原则

选题的可行性原则，是指只有具备一定主客观条件的教育科研选题才有预期

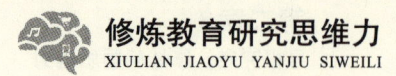
成功的可能。课题选择必须充分考虑主客观条件，分析课题在实际研究过程中的切实可行性。从主观方面看，应分析自己的专业特长、知识基础、兴趣爱好、科研能力和经验、时间精力等；从客观方面看，应分析是否有必要的参考资料、经费、设备、时间，是否能得到领导的支持和各方面的配合等。

对于一线教师来说，选择课题应从实际出发，充分考虑自己的力量与研究课题的大小难易是否相称。总的来说，中小学教师选题宜小不宜大、宜易不宜难。课题大了，涉及的范围广、因素多、周期长；难度大了，由于涉及的变量复杂，对研究者的主客观要求高，如果研究者力所不能及，会半途而废。小的课题，涉及范围小、变量少，对研究者的主客观条件要求相对低一些，容易出成果，而且由于课题目标集中，能较深入地解决一两个理论和实践问题，其价值也可能是很大的。尤其是初次涉足教育研究领域的人，更应该选择那些范围较窄、内容比较具体、难度较低的课题，特别是紧密结合自己的教育教学实际，有可利用的条件、成果，能直接应用于自己实践的课题。以后，随着经验的不断积累，科研能力的不断提高，视野的不断扩展，可以选择一些难度较大或综合性较强的课题。

4. 科学性原则

选题的科学性原则，是指所选研究课题必须符合教育科学理论及规律，必须具有明确的指导思想和科学根据。教育科研课题的选择必须遵循教育及与之相联系的各种事物的客观规律，必须充分认识研究的客观条件。这就要求选题必须具有一定的理论基础和实践基础，应该通过对教育的历史、现状的分析，对他人的研究成果和各方面资料的收集、整理和分析，经过严密的论证等形成课题，切忌主观想象，盲目选题。

对于一线教师来说，从教育实践中直接选定的研究课题，必须具有丰富、可靠的事实依据和很强的针对性。一要尽可能选择具有普遍性的课题，少受个别的、特殊的教育现象的影响，更容易透过现象揭示教育科学的本质规律。二要选择具体的、明确的课题，界线要清，范围宜小。另一方面，选题的指导思想必须是正确的、科学的，所选定的课题应该能够纳入一定的教育科学知识框架或理论体系。

二、课题选择的策略

1. 循序渐进策略

【案例30】N幼儿园办园五十多年来坚持科研兴园战略，把幼儿园课程建设作为科研的突破口和载体，先后开展了"幼儿园艺术课程构建与实施研究""幼儿园科学课程构建与实施研究""幼儿园社会课程构建与实施研究""幼儿园健康课程构建与实施研究"等，在此基础上，近几年确立了"幼儿园全域性教育园本课程构建与实施研究"。这里的全域性教育园本课程是指，凡是一切与幼儿的健康成长、全面发展有关的环境和教育皆为课程。换句话说，全域性教育园本课程有一个多维度立体开放的课程结构，既包含着以《幼儿园教育指导纲要（试行）》中所规定的健康、语言、科学、社会、艺术五大领域的基础课程，也包括五大领域相互渗透、相互融合的综合课程，还包括以每个幼儿的个性发展为主的个性化课程。

案例30中，选题由单项到综合，不断深入，不断扩充，这就是循序渐进的选题策略。采用"循序渐进"的选题策略时，要由小到大，由易到难，由浅入深，由单项到综合，步步为营，逐步发展。这就要求研究者既有积极进取的精神，又有实事求是的态度，不要期望一鸣惊人；研究者要选准一个恰如其分的研究基点，从一个基本问题做起，选好了一个突破口，有了成果，有了经验，有了积累以后，继续深入地研究下去，扩展开来，逐渐形成自己相对稳定的研究方向或研究领域。

2. 转轨策略

【案例31】高中新课程实施以来，不少学校围绕高中课程建设、教育改革、课堂教学开展项目研究，L学校教科室负责人召集科研骨干教师商讨，经查阅文献资料和大家集思广益，一致认为要转换研究视角：从办学模式入手。再次查阅文献资料，关于高中办学模式的研究也比较多。经过反复思考、论证认为：把普通高中与职业高中的综合办学模式作为研究视角，于是确定了：普职融通综合高中办学模式的研究与实践。

案例31中多次转换研究角度，打破惯常的或原来的思维定势，找到了一个与众不同的研究项目。这种转轨策略就是在教育科研中转变原来的思维角度，从不同的侧面、不同层次上重新认识原有的研究对象。这样转换问题的做法从新的角度看待某一研究对象，往往有助于对其获得新的认识。为此，研究者要充分发挥思维的灵活性和广阔性，摆脱惯常的或原来的思维定势和已有知识、经验的影响，善于按照现代社会现代教育发展的要求，找到各种发展的生长点，把研究的问题在时代的高度上推向深入。

3. 边缘搜索策略

【案例32】随着信息技术的快速发展，信息技术强大的功能与优势得以彰

显，如何充分发挥信息技术的功能？信息技术如何与学科教学深度融合？政治学科教研组从信息技术与高中政治教学的结合点确立了课题研究项目：基于网络环境的教学资源库在高中政治教学中的优化应用研究。

案例32采用边缘搜索的方式，从信息技术与学科教学的边缘地带找到研究的生长点。所谓"边缘搜索"就是在学科与学科之间的边缘地带寻找未解决的问题，进而确立研究课题。当代科学发展总体上呈现出高度分化与高度综合并存且以高度综合为主的趋势，这使得学科之间的边缘地带成为科学研究的新的生长点。而学科的边缘地带过去常常没有人涉足，因而存在很多空白点和可供开发的处女地。

4. 联想移植策略

【案例33】七一小学借鉴他校的课题研究项目"农村留守儿童的闲暇教育研究"的成果确定了"农村学校重点留守儿童群体假期关爱实践"研究项目。

【案例34】新乡小学在认真学习《中共中央国务院关于推进社会主义新农村建设的若干意见》过程中，联想到农村学校在新农村建设中也应该有所作为，进而确立了"乡镇学校促进新农村乡风文明建设的实践研究"。

案例33、34都是采用联想移植的策略确立了研究项目。这里包括联想和移植两种策略，联想是由一事物想到另一事物的心理过程；移植是将一领域中的科学研究创造出的成果、方法应用到另一领域去。联想可通过四种方法进行：①相似法，即联想相似的事物；②矛盾法，即联想对立和相反的事物；③接近法，联想接近的事物；④组合法，把几种事物、想像、概念组合在一起。联想移植就是在联想中得到启发；把其他学科领域的成果、原理、方法技术用于教育科研。

5. 厚积薄发策略

【案例35】徐老师在德育活动中一直采取"痕迹回望教育"，即采集生活中的许许多多的痕迹，主要是表现出的比较积极的方面，让学生逐渐的对自己形成良好的形象，从而促进学生个体的发展。经过多年的反复实践，形成了很多有价值的研究原始材料和案例，最终形成了"基于积极心理学的'痕迹回望教育'的实践与应用"研究项目。

案例35中，徐老师多年反复实践，形成了富有个性化的研究项目。这里采取了厚积薄发的策略。这种策略要求教师学会积累信息，提高对新信息的敏感性和获取能力，提高对各种新信息融会贯通的能力。这实际上就是要重视对信息的获取、存储和加工。要注意日积月累，我们从外界接受的信息数量和信息种类越多，信息质量越高，不同组合的种数也就越多。"不积跬步，无以至千里；不积细流，无以成江河"，量变到质变，有了厚实积累，选择课题就能游刃有余。

三、课题选择的程序

（一）调查研究，选择研究方向

确定教育科研的研究方向是选择教育科研课题的基础。一个研究课题的确定，往往是在教育教学实践中，受某一教育现象的触发，产生研究的冲动，或者阅读教育理论书籍、教育杂志、报纸及教育文献资料时受到启发，产生联想，萌生教育科研意向。因此，一开始往往拿不定主意，会对几个研究方向都感兴趣，这时就需要进行深入细致的调查研究，了解有关课题发展史实、课题研究水平与今后发展趋势。对于一线教师来说，调查研究的方法主要是查阅资料和进行专家咨询。

查阅资料可以考察哪一个研究方向更具有研究价值。广泛阅读有关资料，吸收与消化有关领域其他人的研究成果，了解他们的研究达到的程度以及目前的研究动态，然后根据选题的原则，反复比较、认真考虑：该方向研究的理论和实践价值有无继续深入挖掘的必要和可能；自身在此方向有无较多的信息积累和研究基础；相对于其他方向，有无更多的环境条件优势。这样，在了解前人研究的基础上比较几个研究方向，选择最适合自己的一个研究方向确立下来，把精力集中在这个方向上。此外，教师还可以征询专家或对某方向有研究经验者的意见，可以从中受到启发，取得借鉴，有时要反复听取各方面的意见之后再确立自己的主攻方向。

（二）总结提炼，确立研究课题

方向确立之后，就要对这个方向上要研究的问题进行必要的主题提炼，才能加工成有意义的、提法准确的、切实可行的课题。教师在实际研究中，尤其是初涉教育科研领域时，或多或少存在着选题宽泛、狭窄、模糊等不当现象。因此，教师在进行有效的研究之前，必须对所选定的问题进行必要的提炼，以形成和确立有意义的、问题提法原则上是正确的、有可能实现的科学问题进行研究。具体策略有以下几点：

1. 缩小策略

即将宽泛的主题缩小到易于把握的程度。主题涉及范围的大小应与研究的时间和地点、研究人员和对象的数量、研究事件的多寡等相适应。对于过于宽泛的主题，教师可以考虑缩小研究对象的范围。例如"'同班分层，异层走班'教学实践研究"可缩小为"初中'同班分层，异层走班'教学实践研究"。此外，教师还可以考虑聚焦研究问题的核心。如对于"初中'同班分层，异层走班'教学实践研究"，如果研究人数有限、时间不长，缩小后这个问题仍然宽泛，因为"教学"包含的因素太多了，有同班分层的原则与方法、异层走班后学生之间的融合，也有教师方面的如何教、学生方面的如何学、教师与学生如何互动，也有教学方式、教学手段、教学模式，等等，教师如果觉得无法深入研究这样复杂的问题，可以取其中某个要素进行研究。因此，可把它缩小为"初中'同班分层，异层走班'教学中学生融合策略研究""初中'同班分层，异层走班'教学中教师引导功能发挥研究""初中'同班分层，异层走班'教学策略研究"等等。这就是根据教育实际，对研究问题进行聚焦。

2. 扩展策略

即将狭窄的问题进行扩充、丰富，使其值得研究。问题狭窄在于研究的主攻因素太小，或不具备代表性和普遍性，使研究没有价值。对于教师来说，研究问题宜小不宜大，但毕竟是研究，如果问题过小，就无需研究了。如"小君同学课外阅读能力提升研究"，它是一种个别的具体问题，要从这个问题中提炼出值得研究的课题，应该从普遍性的角度对其扩展和丰富："这个学生的阅读能力处于什么样的水平；全班学生与她阅读水平相当的有多少人，他们是否有共同特点；什么原因引起他们语文阅读能力较低"等等。通过这样的扩充和丰富，我们可以把这个问题提炼为"小学高段学生语文课外阅读现状调查与对策研究"。这是通过对个别现象由表及里、由特殊性到普遍性的提炼。

3. 分析策略

即将复杂、模糊的问题进行分解，或对模糊问题各要素的关系进行分析，使研究的问题简化、清晰。对于模糊、复杂的问题，教师常束手无策，不知道从何入手解决。分析能使问题范围清楚集中，它是教师提炼科研课题的重要策略。

（1）分解问题。指将一个复杂的研究问题按照内在的逻辑体系，分解成若干个相互联系的小问题，使这些问题形成具有一定层次结构的问题网络，从而在具体化的基础上确定研究问题。例如，培养学生自主学习能力的实验与研究，研究者可将此问题分解为：学生自主学习能力的评价标准和评价方法，学生自主学习能力的状况调查，学生自主学习能力偏低的原因分析，提高学生自主学习能力的对策研究，学生自主学习能力形成规律研究，课堂教学、课外活动、社会实践活动、家庭等途径培养学生自主学习能力的有效方法，构建课堂教学中培养学生自主学习能力的教学模式等一系列问题。通过分解研究问题，不仅使研究的问题更加明确，还可以帮助研究者使所要研究的课题沿着一定脉络，由浅入深向前推进，形成稳定的研究方向。

（2）分析因果。指分析问题的产生原因及影响，发现问题的内在联系，以便深入准确地掌握问题之根本。如某学校"成功教育研究"课题，就是源于对"学习困难学生"问题因果关系的深刻分析。"学习困难学生形成的主要原因是学生有失败者心态：自卑感强、自信心丧失。这种心态产生于学生在学习中的反复失败"。因此认为"改变学生学习困难，就要改变学生的学习心态，改变不良心态的最好办法是让每个学生获得成功"。因果分析能帮助教师找到问题的根本，同时也为解决问题提供思路和办法。

（三）分析梳理，明确研究目标

课题确立之后，就要明确研究目标。课题研究目标就是通过课题研究希望解决的问题和将要取得的成果，即通过研究获得的对某一教育现象及其有关现象之间的相互联系的科学认识。研究一个课题，需要经过深思熟虑的推敲，明确研究目标，这样才能把研究问题的内容与方向把握住，并成为界定研究范围的标尺。为了使研究目标明确，便于操作，可以从过程论和系统论两个层面对课题目标进行分解。

首先，从过程论的角度分析，可以把课题研究目标分成三个层次，分别叫做任务目标、状态目标和成果目标。任务目标又叫做研究工作目标，通过制定研究任务书来表达，内容包括：课题研究的任务是什么，由谁去完成，如何完成，什么时候完成等。状态目标对于教育实验研究来说，是对被试施加实验变量以后，旧状态发生变化，研究者所期望达到的新状态。成果目标是课题研究的最终目标，是研究完成后希望得到的综合性成果。三个层次的目标是相互联系的统一体，前一层次的目标是后一层次目标的手段。按层次设计课题目标，简明实用，具有导向作用。

其次，从系统论的角度来看，一些综合性较强的课题往往存在着目标系列，应当给予明确，按它们之间的关联影响以及隶属关系形成一个多层次的目标系统，便于课题研究的开展，也有利于课题成果形成一个较为完整的有机体系。例如，"关于培养学生自主学习能力"这一课题，目标包括四个方面的内容：调查分析学生自主学习能力的现状；探索学生自主学习能力的培养途径；探索学生自主学习能力的培养方法；构建培养学生自主学习能力的教学模式。

显然，课题要实现的目标是明确的，目标之间包含着一定的系统性也是清楚的，每一个子目标都可以构想自己的研究方案，但处于大系统中，必须服从课题总目标的需要。

四、课题选择的基本方法

在教育科学研究过程中，要选准课题，既要坚持正确的选题原则与思路，还要有科学选题方法和灵活的选题技巧。下面我们着重探讨选题的方法与艺术。

（一）主动搜索选题法

好的选题，既要考虑社会和科学发展的需要，又要与个人的兴趣、爱好、专长相结合。只要我们按此思路在日常工作、生活所接触的事物和所看到的现象中，留心观察、主动搜索、锐意发现，就能选好课题，多出成果，这种主动搜索自选课题的方法对社会的进步、个人的成长有着很大的意义。近些年来，上级教育研究部门或管理部门对教育科学研究课题都有所规划，这些课题只是从宏观或中观方面去考虑，对于一些微观的课题，是很难也不必要都提出或列入研究计划的。这就需要我们主动搜索，去发现这些微观的课题。

一般来说，主动搜索的自选课题大多较小。然而，千万个小的成果积累起来，其总的效益就十分可观了。况且，有些初看起来似乎是平凡的小课题，也可能有无比巨大的潜力。

主动搜索课题法，能激发研究者的想象力，触发研究者奇妙而独特的灵感，使他们凭借自己的敏锐目光和智慧发掘和选择课题，从而最大限度地开发创造力，为教育科研开辟新的蹊径，使一些意想不到的课题得以研究，从而产生新发现、新发明。

（二）有的放矢选题法

教育科研选题必须了解和把握教育科研动态与信息，也就是要通过查阅文献资料，了解当前国内外领域研究的现状和历史，掌握前人从事该课题的情况、经验和教训，如本课题是否有人研究过，水平、成果、结论如何？研究中有哪些问题和争论，争论的分歧点是哪些？有哪些地方需要补充和修改，是否还有遗留问题需要探索？哪些问题有重大研究价值等。研究者不但要了解国内的有关情况，也要了解国外的情况，掌握和分析国内外教育科研的动向，不仅要搞清楚他人做什么，还要搞清楚他人不会什么及将要做什么，这样，便可以把前人成功的经验和失败的教训作为自己的借鉴，做到主攻方向明确，有的放矢地进行选题，使研究少走弯路。

（三）由小到大的选题法

对于中小学教师来说，教育科研课题的选择要从大处着眼，小处着手，既要有攀登科学高峰的雄心壮志，又要从经过努力攀登上的小山峰起步，从选择较小的课题开始，或在集体的研究大课题中负责一小课题或参加一部分工作，以便积累经验，锻炼科研能力，为日后承担较大课题创造条件。科学研究和认识任何一个事物一样，总是由简到繁，由小以大，选择课题也应从小到大。从小到大选题法，不仅适用于科学新手，而且也适用于从事多年科研工作的人。较为复杂的大题目可以分解成若干个小的组成部分，然后集中精力研究每一个课题（也叫子课题），把每一个小课题搞清楚了，复杂的大课题也就自然迎刃而解了。

（四）捕捉机遇选题法

在教育科研中，偶发的机遇也是存在的。意外的"反常"现象很可能是形成新研究课题的好机会。因此，要重视机遇，善于捕捉机遇，充分利用机遇。"留心意外之事"应成为研究工作者的座右铭。而要抓住机遇，捕捉机遇，就必须有学识，有思想准备。法国细菌学家尼科尔说过："机遇只垂青于那些懂得怎样追求她的人。"

第三章
旁求博考，修炼事实论证力

第一节　事实也要雄辩

论证是运用论据证明论点的逻辑过程和方式。论证力就是运用论据证明论点的能力。事实上，任何一个论证都是由论题、论据和论证方法三个要素构成的。论题是通过论证要确定其真实性的判断，它所要回答的是"论证什么"的问题。论据是用来确定论题真实性的判断，它是使论题成立并使人信服的理由或根据，它所回答的是"用什么来论证"的问题。论证方法是指论据和论题之间的联系方式，即论证过程中所采用的推理形式，它所回答的是"怎样用论据论证论题"的问题。论证力就是采用一定的论证方法，运用充分的论据对论题的真实性、可行性、科学性进行证明的一种能力。

一、现场扫描

"课题论证"是教育科研过程中一种重要的管理方式，更是课题研究顺利开展的有效凭借。它在研究过程中起着监管与催化作用，也可以说是一种课题研究的发展性评价。在课题研究过程中，可能要对课题进行多次论证，如立项、开题、结题之前的论证。通俗地说，"课题论证"就是在报告你的观点之后，通过与专家及同行的互动对话，来论证你未来行动的合理性，以促使课题研究朝着科学的方向发展。而在实践中，课题论证存在以下问题：

【现象一】开题论证书混同为申报书

【案例1】有的课题没有论证，开题论证书内容东拼西凑，缺这缺那，成了申报书的"剪贴板"。

【问题诊断】开题论证书和课题申报书虽有相同之处，但又是不完全相同的。因为其目的是不一样的。课题申报书的目的是争取申报课题立项，其重点内容是课题选题的准确度、研究价值的大小、研究的可行性。而课题开题论证的目的不是立项，而是施工。开题论证书是课题设计的实施图，着力点应放在设计调整和施工组织上。

【问题一】不会写开题报告

【现象二】课题论证演变为"凑字数"

【案例2】有的课题下笔千言，离题万里；有的东拼西凑、废话连篇；有的转弯抹角、喧宾夺主；有的脱离实际、无病呻吟；有的思维陈旧、模式僵化；有的文理不通、逻辑混乱。

【问题诊断】对课题论证的目的与意义以及课题论证的内容不清晰。课题论证的本质是阐述课题组的观点，通过与专家及同行的互动对话，来论证课题组未来行动的合理性，以促使课题研究朝着科学的方向发展。

【问题二】不能进行课题论证

【现象三】课题论证似"蜻蜓点水"罗列

【案例3】有的课题名不副实；有的研究核心概念界定是纯名词解释；有的研究目标和研究内容混淆、重复；有的研究内容表述不明白，逻辑混乱，研究内容既不是总分关系，也不是递进关系，更不是并列关系，而是包容关系；有的理论依据不准确；有的研究步骤模式僵化，成员不知道做什么，怎么做，团队合作有困难。

【问题诊断】课题论证的重点不突出。实际上，课题论证的重点是三个：研究目标的"长、宽、高"论证，涉及课题研究时间、对象、范围、内容的定位以及期望水平；研究内容的论证，涉及紧扣主题、紧扣目标、分解任务等；研究步骤落实、成员分工的论证，涉及研究思路、研究方法、措施、人员分工等。

【问题三】课题论证重点不突出

【现象四】文献综述成为"研究的绊脚石"

【案例4】不少课题研究人员怕"文献综述"，即使文献综述了，也存在如下问题：文献综述是文献的简单罗列；文献综述是课题中基本概念的解释；文献综述是研究课题中核心概念的历史研究；文献综述是研究课题的实践；文献综述只有相关文献综合的叙述，没有自己的观点和看法。

【问题诊断】不会进行文献综述。文献综述是文献综合评述的简称，指在全面搜集、阅读大量的有关研究文献的基础上，经过归纳整理、分析鉴别，对所研

究的问题在一定时期内已经取得的研究成果、存在问题以及新的发展趋势等进行系统、全面的叙述和评论。文献综述不仅要对已有文献进行归纳整理的"综"，发现已有研究的空白点、薄弱点、生长点以及不足点，更重要的是要阐明自己的观点和看法，有自己的"评"，论述自己的研究设想。

【问题四】文献综述"有述无评"

课题论证有助于进一步详细阐述研究课题的目的、意义、研究的具体问题，把握国内外研究的状况与水平，明确研究将采取的具体途径和方法，指明预期成果，从而使整个研究课题的提出具体化、系统化、完善化。它将作为整个研究工作的行动纲领，对保证其顺利进行起重要的指导作用。

二、事实也要雄辩

事实是指事情的真实情况，包括事物、事件、事态，即客观存在的一切物体与现象、社会上发生的不平常的事情和局势及情况的变异态势。然而，事实有时也会被假象蒙蔽，所以，事实也要雄辩。一般地，论证有如下几种方法：一是事实论证。这是一种从材料到观点，从个别到一般的论证方法，是从对许多个别事物的分析和研究中归纳出一个共同的结论的推理形式。二是理论论证。这种论证的目的是要证明论点具有普遍性和规律性。由于论点一般是从具体的材料中抽象概括出来的，其实质是归纳法，而归纳法在很多条件下是很难完全的，因此，有理论加以衡量，就能够保证其可靠性。三是比较论证。比较论证是一种由个别到个别的论证方法。通常将它分为两类：一类是类比法，另一类是对比法。四是比喻论证。比喻论证是用比喻作论证，拿比喻者之理去论证被比喻者（论题）之理。在比喻论证中，比喻者是一组形象事例，其中包含着一定的关系和道理，被比喻者则是一种抽象的道理。比喻者和被比喻者虽然是两类不同的事物，但在它们之间存在着一个共同的一般性原理，因此它们之间具有推理关系。比喻论证是以比喻者作论据去论证被比喻者（论题）的论证方式。五是因果论证。在自然界和社会中，各种现象之间是普遍联系的，因果联系是现象之间普遍联系的表现形式之一。因果联系是普遍的和必然的联系，没有一个现象不是由一定的原因引发的；而当原因和一切必要条件都存在时，结果就必然产生。

第二节　论证的基本规范

课题论证的目的，旨在用定性和定量相结合的方法对课题进行评估和分析，使科研人员和管理人员通过对研究现状、需求及前景预测的论证，明确课题研究的重要性和必要性。课题论证必须遵循一定的规范，以确保课题论证价值的实现。

一、课题论证的价值

课题论证是科研课题选择必不可少的环节。课题的论证是有组织地、系统地鉴别研究的价值，分析研究条件，完善研究方案的评价活动，对保证教育研究工作的顺利进行，提高研究质量等有着重要意义。

1. 鉴定课题的研究价值

课题论证的过程实质上就是对研究问题进行鉴别、诊断的过程，在这个过程中通过对课题研究的问题所涉及的对象、内容的考察、研究的背景分析与他人同类研究的比较等基本环节，清楚地揭示出研究的实践价值或理论价值。

2. 厘清课题的研究方向

课题论证通过研究人员与专家的对话、讨论，对研究问题进行"争鸣"，进一步厘清课题研究的基本问题；通过对研究思路的进一步"梳理"，明确研究工作的主要方向；通过对课题研究基本假设进一步"展望"，增强课题研究各环节的内在逻辑力量。

3. 优化课题的研究方案

课题研究本身需要不断调整、完善，不断自我更新、优化，而这很多时候需要借助于外力——专家。课题论证就是一个信息交流的过程，同行专家的观点、主张给课题的设计者以极大的启发；课题论证又是一个提意见和建议，对方案评头品足的过程，从而找出方案的不足；论证过程还对研究条件等作详细的分析，从而为方案的修改提供了具体依据。

4. 奠基课题的研究质量

课题研究是一项持续的科学事业，需要各环节给予保障。而课题经过论证，不仅研究方案得到了完善，为研究的顺利实施奠定扎实基础，而且，严格的论证对研究过程可能出现的问题作出预测，使整个研究的方向更加明确，各项前期工作得到更充分的准备，从而确保研究的质量。

二、课题论证的类型

课题论证按照课题研究阶段分类，主要有三类：立项论证、开题论证、结题论证。由于研究阶段不同，论证的侧重点也不一样。如表3-1：

表3-1　课题论证种类、步骤、内容简明表

论证类型	论证步骤	论证内容
立项论证	自主准备	教师围绕主题展开思考，并查阅相关资料，准备好自己的观点和理由
	共同研讨	选取好课题的研究角度，确立课题题目，商榷研究内容的分解，形成价值取向，确立研究目标
	整理完善	负责人再作整理和深入思考，调整、增补、梳理课题研究的各阶段相应的内容，完成课题论证研究的相应目的
	现场答辩	根据专家的点评，并回答提问，完善研究申报方案
开题论证	基础思考	教师结合自己的研究实践，围绕研究内容与操作设想展开思考，准备好自己的观点和理由
	共同研讨	共同研讨和论证主题（个性与共性），在观点的交融中寻找切入点，选取好课题的研究角度，确立课题的研究主攻方向，分配研究任务，形成研究方案
	整理完善	负责人再作整理和深入思考，调整、增补、梳理课题组成员所提供的操作设想，整合与完善课题研究方案
	现场答辩	根据专家的点评，并回答提问，或可调整研究内容
结题论证	成效梳理	教师结合自己的研究实践，围绕研究成效，准备好自己的观点和相关材料
	论述成效	根据研究情况，成员论述研究任务中的各方面成效，提出个性化的观点，形成相应策略、方法等
	梳理成果	负责人整合课题组成员所提供的研究成效，初步形成课题成果
	现场答辩	根据专家的点评，并回答提问，丰富和完善课题研究的成果

（一）立项论证——审时度势

立项论证即在课题申报前，对所选定的研究课题的背景及价值意义、研究的内容与条件、预见成果等进行阐述、交流、评价的研究活动。它重在选题价值与可行性的分析，回答"为什么研究和研究什么"的问题，形成的文本是"课题研究方案"。课题立项论证的内容有七项：

（1）为什么要研究，即研究这项课题的目的、意义和价值是什么，要解决教育教学工作中哪些突出的问题。

（2）国内外对此及其相关问题的研究已有哪些成果，研究到什么程度，自己所要研究的这个问题要借鉴他人的什么成果或经验，在他人研究的基础上会有什么创新。

（3）研究这项课题应确定怎样的研究目标和研究内容，即这项课题要研究

到什么程度，研究问题的哪些方面，课题研究的重、难点与突破点是什么，采用什么方法进行研究等。

（4）对与本课题研究有关的理论、术语、概念如何进行说明或界定。

（5）要研究的这项课题是否具备了一定的研究条件与保障。

（6）要确定怎样的研究步骤，即分几个阶段来研究这项课题。

（7）要研究的课题拟确定什么级别，向哪一科研管理部门申报。

（二）开题论证——未雨绸缪

开题论证即课题被批准立项之后，在开始正式实施研究工作之前，对课题研究方向、总体构想、设计等做进一步修改和完善的研究过程。为提高课题论证质量，课题组可以向专家咨询和邀请专家指导、评议等。开题论证重在审视研究切入口与行动路线图的明晰度、可行性，回答"怎样研究"的问题，形成的文本是"课题开题报告"（即实施方案）。开题论证有五项内容：

（1）课题开题前都做了哪些准备，存在什么不足。

（2）课题研究对象与目标、研究内容是否明确、具体、翔实、清晰。

（3）课题研究方法、研究步骤是否科学可行。

（4）课题研究预期成果是否能提出新观点与新思路、揭示新规律，提出什么依据和行动策略。

（5）课题研究条件和保障是否得到有效落实，分工是否明确。

开题论证是对课题研究方案的进一步说明和完善，表面上与课题立项论证的内容差不多，实际上开题论证工作要求更深化、更具体、更清晰。如怎样将自己设计的研究内容和方法落实于具体教育的实践之中，从哪个角度切入适宜于操作，如何记载整个研究过程的相关材料等。

（三）结题论证——继往开来

结题论证是在课题研究结题前，对所研究的课题全过程及所取得的成果进行回顾、梳理的一项必要研究活动。结题论证重在提纲挈领、寻找规律与发掘亮点，回答"研究得怎么样，即取得什么成效和成果"的问题；形成的文本是"课题研究报告"。结题论证的内容有四项：

（1）课题研究内容是否完成，研究工作是否达到了预期目标。

（2）课题研究取得了哪些实践成果（经验、做法、成效），取得哪些理论成果（形成的教育思想与理念、创新的主张与观点等），课题研究实践成果是否具有可借鉴性、可操作性等。

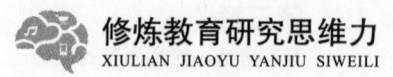
（3）课题研究过程是否清晰、有序等。

（4）课题研究存在着哪些问题和不足，在后续研究工作上有什么设想，将采取什么改进措施等。

三、课题论证的方式

课题论证方式有书面汇报、现场研讨、网上论坛、网上博客、QQ 群聊、邮件交流等，不同方式有着各自不同的特点和功能，研究者应根据需要选择相应的方式，可单一也可综合使用。

1. 书面汇报

书面汇报形式简捷、方便，只需发出一个通知，然后组织同行或相关专家审核上交的文稿。组织者向课题研究者转告相关意见，进行个别指导与探讨；或根据相对集中的意见，召开必要的培训会或发通报以提醒研究者。这种形式虽然较省力，但效果往往不显著。

2. 现场研讨

现场研讨虽然比较复杂，但因是面对面交流，能充分发挥众人的智慧，是课题论证的主要方式。例如，开题论证是在课题立项方案的基础上进行的，追求现场的生成，往往能在与专家和同行的辩论中产生新的研究视角与策略。这种方式具体运用于开题论证，应分三个步骤进行：①提交开题报告初稿。立项后，主持人组织课题组成员进行相关学习、研讨和培训，形成开题报告初稿，并送达专家手中。②召集论证会议。课题组与科研管理部门共同组织，参加者有课题组成员、指导专家和相关人员。论证会的核心议题是专家对课题研究计划的科学性与可行性进行评议和指导。会议先由课题主持人简述报告内容（最好结合课件），专家在详细审查后向研究者提出质疑。课题组成员除了听取专家的意见外，也可发表不同观点，与专家一起研讨，这样做可求得对研究问题的深刻理解。③修改开题报告并定稿。论证会后，课题组汇总各方指导意见，并在组内研讨，根据他们的意见及主持人对问题的认识，再次修改开题报告。课题组将定稿后的开题报告送交科研管理部门，便于管理部门以此为依据对课题研究进行全程管理。

3. 网上论坛

这种方式具有灵活性，不受时域的限制。具体做法是，在学校网站开设一个课题论坛，课题主持人可邀请课题组成员、相关专家和其他老师加盟本课题研究过程的讨论。例如，可以将平时研究中碰到的问题、困惑或创意，在论坛上以一个主题帖的形式发布出来，让大家随时发表个人见解。这种方式既可实现从现象到问题原因的探究，拓宽研究渠道，又可提高教师进一步反思与研讨的能力。

4. 网上博客

与网上论坛的区别在于，论坛是以课题组的名义在网上组织讨论，而博客则具有个体特点。课题组成员以个人名义申请注册，吸纳课题组外教师参与，具有很大的开放性。其做法是由课题组成员将课题开题论证和实施过程中遇到的问题在自己的博客上发表有关见解，并更多地吸收课题组之外的老师参与研讨，是一种共同解决疑难问题的辅助论证形式。

当然，它的功能不仅是为论证服务，更是课题组教师个人学习工作的汇集处、教师专业成长的"档案袋"。

5. QQ 群聊

建立学校课题组QQ 群，在常规研讨活动之后，再采用定时、定主题的QQ 群聊形式的拓展延伸课题研究活动。具体做法是同组或同社群的老师通过留言或其他联系方式的约定，同时登陆进行网上QQ 教学研究，大家在一起畅所欲言，力求使每个人都能发表自己的观点，以达到同时在线交流的目的。

6. 邮件交流

这种方式一般有两种作用：①向专家求助。向学校教师公开部分专家的电子邮箱号码，让课题组的教师主动与专家联系，在总体方向上求助于专家；或要求教师针对研究中各阶段所遇到的实际问题与专家沟通，及时求得专家的指导。②在教师之间开展论证。这与QQ 群聊的观点实时、显性有明显不同：先让主持人把各阶段的论证内容发给课题组成员或想交流的老师，每人根据自己的观点组织论述内容并反馈给主持人，然后由主持人汇总，将其中的共同认识与个性想法在下次活动时分别提出来予以解决。

四、课题论证的基本要求

1. 确定好参加课题论证的人员

开展课题研究论证，无论运作到课题研究操作的哪一阶段，参加论证的一般包括三方面人员：一是要确定好课题组需参加人员，原则上参加课题研究的全体人员都要参加；二是本单位相关主管领导；三是要确定邀请参加论证的专家或相关课题研究指导的人员。

当然，参加课题研究每一步论证工作的人员具体需哪些人员参加，还要视课题研究范围的大小、课题立项级别和课题组人员对课题研究方向把握程度等情况而定。如在课题立项论证时，课题研究范围小，课题组人员对课题研究目标、研

究内容、研究思路等比较清晰、明确，那么在论证时可以不必邀请有关专家或相关课题研究指导的人员参加，可以在课题立项论证前作必要的咨询，以解决相关问题。

2. 准备好相关论证材料

无论开展课题研究哪一步论证工作，课题组都要认真准备好所需的相关论证材料，论证的内容不同，准备的材料也不尽相同。如课题立项论证时课题组需准备好以下材料：收集的课题研究相关背景材料，与本课题研究相关（国内外）的参考文献材料，研究本课题相关的理论依据材料，课题研究人员基本情况材料等；课题开题论证所需材料：除课题立项论证时所具备的相关材料外，最重要的就是课题研究实施方案等；课题结题论证时所需材料：课题研究全部过程性材料。

3. 确定论证时间和论证形式

一般来说，无论开展课题研究哪一步论证工作，都没有固定的标准和确切的时间，但原则上越紧凑越好。如在课题立项论证时，一旦课题选择确定后，课题组人员立即着手收集相关材料，进行立项论证，否则很可能错过课题申报立项时间；在课题申报被科研部门审批立项后，课题组一般需在准备充分的基础上，在课题立项两个月内着手课题开题前的论证；在课题研究完成全部研究任务后，课题组人员应对课题研究的全过程和研究成果立即进行回顾、反思、理顺，否则，时间越长对课题研究全过程就会越淡忘，对课题研究总结就不够充分和客观。至于采取什么论证形式，要视具体情况而定，一般可采取座谈、研讨、交流、咨询等形式召开课题论证会。

4. 分步实施论证，写出论证总结文本

分步实施论证就是按照课题研究操作进展进行课题立项论证、课题开题论证、课题结题论证。在充分论证的基础上，由课题组负责人或课题组相关人员执笔，写出论证总结文本。论证内容不同，论证总结文本表现形式也不一样。课题立项论证总结文本的表现形式是课题研究实施方案；课题开题论证总结文本表现形式是课题开题报告；课题结题论证总结的文本表现形式是课题研究报告。这里特别强调的是开展课题研究是一项既严肃又严谨的工作。开展课题研究论证的最主要的目的就是使课题组人员对课题的研究方向、研究目标、研究内容、研究思路、课题研究成果和存在的问题等方面能够统一思想、统一认识、统一行动。课题论证本身就是研究实践的过程，重视课题研究论证工作，并将其贯穿于课题整个研究活动中，将有利于提高课题研究质量。

五、课题现场论证会的组织

课题现场论证会议的一般程序为：

（1）主持人作课题论证报告。

（2）课题组成员补充。

（3）同行专家论证指导。

（4）课题组成员讨论。

（5）专家论证或课题组成员讨论后，主持人参考专家和成员意见，修订与完善"研究方案"。

第三节　论证的思维策略

课题研究要完成从伪问题到真问题、从分散问题聚焦核心问题、从事物表象到本质的飞跃，需要多角度、多层面地"论"与"证"，实现从感性认识到理性认识的升华。从思维角度来看，需要研究人员系统思考、纵横比较。

一、课题论证的思维意向

课题论证要关照选题的意义与价值、解决问题的现实性、国内外或当地对该问题的研究有哪些成果，存在什么空白，其创新点是什么，研究目标的确立是否合理，研究内容是否可行，研究方法是否适切，研究需要的保障条件是否到位。从思维意向来说，课题论证就是要从前瞻性、应用性、科学性、创新性、可行性和方向性进行思考。

1. 前瞻性

突出和强化面向未来的意识，充分考虑所选项目是否反映、适应社会的发展、时代的要求，把握时代发展的脉搏，所选项目是否具有预见性和前瞻性。对于正在高速发展中的一些教育问题，要运用更多的前瞻性思维和系统性思维，经过认真思考、理性分析，提出应对的策略。教育科研的前瞻性主要体现在两个方面：一是对未来某项教育的策划（前景分析、预测和实践）；二是对教育现状的改善。

2. 应用性

主要是指研究的这个问题是否有利于提高教学质量，能否促进学生的身心健康，能否促进学生的全面发展。也就是说，选定的课题要具有实用价值，能够指导教育实践。对于填补科研空白性课题，研究价值最大；对于一般性的课题，也

可立项研究，最终定有收获；对已解决或基本解决的课题，最无研究价值。

3. 科学性

科学性体现为研究问题的指导思想和研究目的明确，立论科学合理，事实真实充分。具有科学性的课题既要有实践基础，又要有理论基础。对于一线的教师来说，具有丰富的实践经验，容易使选题具有实践基础，但最为缺乏的是理论基础。

4. 创新性

教育实验是一种科学研究活动，它要求研究人员具备创新精神，要不同于前人、他人的眼光，研究没有人做过或没有人在做的课题，或者是别人做过却未能解决或者未能完全解决的问题。

5. 可行性

研究者不能脱离实际空想、幻想，只做所谓纯粹教育的课题。从学校的角度，充分考虑学校的人文环境、师资水平、实验基础、教学设备、教研经费等；从教师的角度，从教师的研究水平、教育教学实践经验和能力的实际出发。

6. 方向性

科研课题要有明确的研究方向和主攻目标。研究方向和目标不明确，涉及研究的层面过多，从而导致一些困难，不是课题进行不下去，就是每个方面都不能研究透彻，即使是选题很好，也做不出很好的成果，劳而无功。另外，课题明确与否，还在于课题是否有变革内容。通过某种变革以影响学生，从而获得预想的结果，以解决某个问题，这正是教育科研的基本精神。

二、课题论证的典型思维方式

（一）系统思维

1. 关于系统与系统思维

系统是一个概念，反映了人们对事物的一种认识论，即系统是由两个或两个以上的元素相结合的有机整体，系统的整体不等于其局部的简单相加。

系统思维是指以系统论为思维基本模式的思维形态，它不同于创造性思维或形象思维等本能思维形态。系统思维能极大地简化人们对事物的认知，给我们带来整体观。

2. 系统思维的应用

（1）从整体角度论证。在分析和处理问题的过程中，始终从整体来考虑，把整体放在第一位，而不是让任何部分的东西凌驾于整体之上。对课题论证从整体角度思考，就是把思考问题的方向对准全局和整体、从全局和整体出发。

【案例5】上海市静安区的课题"走向个性化：发达城区教育均衡发展的新探索"论证要点：①全球教育发展的走势。随着后工业时代的到来，推进个性化教育有利于增强教育的针对性、实效性，有利于改变学生被动学习的状况，有利于发展广大学生的优势潜能。②教育优质发展的需要。一是教育优质均衡发展的要求。要实现教育优质均衡发展，必须关注学生的个体差异，促进每个学生的天赋、个性得以充分发展。二是经济发达地区教育持续发展的需要。经济发达地区的教育发展具备比较坚实的物质基础，同时，经济发达地区也对教育提出了更高的要求。这些地区的教育更强调尊重学生的个性，让学生个性得到最大限度地发挥；更需要培养个人的社会生存能力；更需要学校创造各种条件和环境来刺激学生学习知识的兴趣和探索未知世界的愿望。三是发达城区具备实施个别化教学的基础。

【案例6】课题"教师课堂提问有效性提升的实践研究"的实践技术路线为：先确定实践模式，然后确定干预途径，最后确定某一个重点问题实施具体措施进行干预。实践研究按周期循环式进行，每一周期分四个阶段：先根据课堂提问中存在的某一最主要问题确定该周期的研究内容，然后引领教师进行相关理论与实践的学习，再次跟进专题性研究及干预，最后进行过程性总结，检查对此问题的解决效果，接着开展第二周期的行动研究与措施干预（过程见图3-1）。每一周期都各有侧重，如第一周期侧重课堂理答有效性的研究，第二周期侧重提问内容有效性的研究，第三周期侧重提问方式有效性及提问公平性的研究。每个周期既相对独立又相互联系，根据不同的问题多途径采取不同的干预措施。

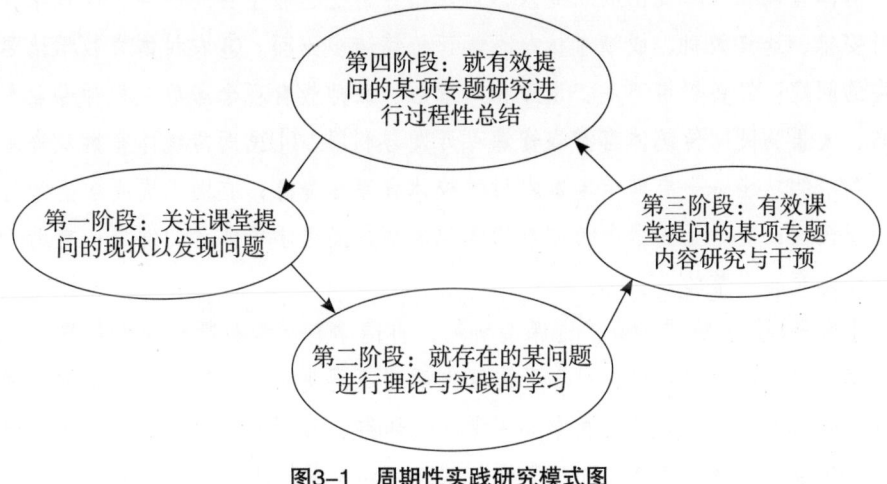

图3-1　周期性实践研究模式图

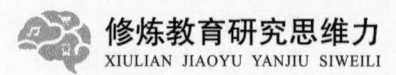
案例5中，在论证学校实施"个别化"教学时，从全球教育发展的走势、教育优质发展的需要等方面整体思考，把思考的问题——"个别化"教学放在全局和整体上，使论证高屋建瓴，有高度，有深度。

案例6中，从整体角度设计研究技术路线图，凸显了研究技术与方法的创新性。从整体角度论证课题时要做到：

首先，必须把研究对象作为系统来认识，即始终把研究对象放在系统之中加以考察和把握。这里包括两个方面的含义：一是在思维中必须明确任何一个研究对象都是由若干要素构成的系统；二是在思维过程中必须把每一个具体的系统放在更大的系统之内来考察。其次，必须把整体作为认识的出发点和归宿。就是说，思维的逻辑进程是这样的：在对整体情况充分理解和把握的基础上提出整体目标，然后提出满足和实现整体目标的条件，再提出能够创造这些条件的各种可供选择的方案，最后选择最优方案实现之。在这个过程中，提出整体目标，是从整体出发进行综合的产物；提出条件，是在整体目标统摄下，分析系统各要素及其相互关系而形成的；方案的提出和优选，是在系统分析的基础上重新进行系统综合的结果。由此可见，系统思维方式把整体作为出发点和归宿，通过对系统要素的分析这个中间环节，再回到系统综合的出发点。

（2）从结构角度论证。系统由各部分组成，部分与部分之间组合是否合理对系统有很大影响。进行系统思维时，注意系统内部结构的合理性。

【案例7】课题"农村小学中民间传统体育游戏的开发与利用的研究"论证要点：①《学生体质健康标准》对农村体育教学的要求。②《体育与健康课程标准》对体育课程改革提出的新要求，涉及指导思想、教学目的任务、课程结构、课时安排、选修教材、成绩考核与教学评价等诸多方面。③农村体育教学诸要素存在的问题：经费严重不足、设施相对落后、教师教育观念滞后、教师专业水平不高、大量的民间传统体育游戏资源可开发与利用。④民间传统体育游戏资源开发与利用的功能——有助于丰富农村学校体育课程资源；有助于提高学生学习体育的积极性；有助于揭示学校体育的客观规律，促进学校体育的发展；有助于建立学校体育的完整体系。

【案例8】课题"区域推进课例研究，打造学有优教教师专业成长平台的实践研究"确立下列研究目标：①开发课例研究不同变式，适应教学示范和教师培训的不同需求。②研制学科教学知识课例主题群、案例库，建构教师专业知识核心层。③推进"翻转课堂"和"微课"试验，创新课例研究新型载体。

案例7中，从学生身心健康发展的大系统入手，分析了体育教学目的任务、课程结构、教材、教学评价等结构性要素，结合农村学校实际，分析、论证了强化农村学生身心健康发展的最优结构——开发与利用民间传统体育游戏资源。

案例8中，在研究目标设计上以教师专业成长核心，从开发课例研究，建构教师专业知识核心层，创新课例研究新型载体三个内在结构进行思维，整个论证从结构角度出发。

对课题论证从结构角度思考，就是把系统科学的结构理论作为思维方式的指导，强调从系统的结构去认识系统的整体功能，并从中寻找系统最优结构，进而获得最佳系统功能。系统结构是与系统功能紧密相连的，结构是系统功能的内部表征，功能是系统结构的外部表现。系统中结构和功能的关系主要表现为：系统的结构决定系统的功能。在一定要素的前提下，有什么样的结构就有什么样的功能。

（二）横向思维

1. 关于横向思维

横向思维，亦称共时性思维。它揭示历史上的某一横断面，从并存事物、现象及其内部诸要素间的相互依存、相互作用、互为中介、相互转化等空间关系及系统结构方面，揭示事物的发展变化及规律性，寻找事物在不同环境中的异同的一种思维活动。

2. 横向思维的应用

横向思维是一种从空间跨度上，把并存的事物、现象排列组合，作形态上、类型上的比较的思维活动。横向思维是一种开放性的思维。它不局限于自己同自己比，而且将自己与别人比。横向思维将自身事物发展的过程、阶段作前后对比。

【案例9】上海市静安区的课题"走向个性化：发达城区教育均衡发展的新探索"论证要点：①发达国家成功的经验。如芬兰的罗素高中，学校每名学生都有自己的课程表，学生还加入校董事会，参与学校决策。再如美国天普高中，每个学生都能找到适合的课表，还有针对"学困生"的详细指导。日本的树之国儿童村学园"向教育挑战的个性化"，英国夏山学校在促进学生个性发展方面提出了"自己决定、尊重个性、体验学习"的课程实施原则。②国内经济发达地区学校的实践探索。如北京十一学校从尊重学生个体选择出发，尽可能扩大选择类型，并帮助学生进行正确选择。宁波万里国际学校实行导师制。

【案例10】课题"构建生态校本教研系统促进教师专业发展研究"论证要

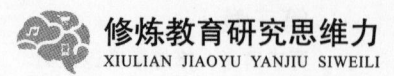
点：①世界教师教育发展中的教师专业发展。从世界教师职业的发展看，专业化是大势所趋，并不是只要有知识就能当教师，教育也绝不是单纯教知识，教师专业化发展要求教育者具有高超的教育智慧，教师不但是教育者，还是研究者。②我国教育事业的发展中的教师专业发展。《教育法》规定"教师是履行教育教学职责的专业人员。"教师要自我反思和超越，对自己传统的教学进行审视，尝试改变。③教师专业发展中的"校本教研"。从终身教育理念来看，任何职业水平的发展都有"高原现象"，表现为职业性格的封闭保守、职业性知能结构的僵化陈旧、思维领域的世俗功利，以及创造个性的萎缩凋谢。目前我国教师专业发展存在如下问题：整齐划一、齐步走的"运动式"；"要我学"而不是"我要学"；"重学历，轻能力，重文凭，轻水平。"④我区教师专业发展中的"校本教研"。教师队伍整体素质偏低；各校的校本教研开展较差；影响校本教研开展的因素较多。

案例9中，从国外发达国家的成功经验、国内经济发达地区学校的实践探索，在同一时代、不同空间上作比较，对研究对象的必要性、可行性进行论证。

案例10中，从世界教师教育发展中的教师专业发展、我国教育事业发展中的教师专业发展以及教师专业发展中的"校本教研"，把并存的专业发展和校本教研进行比较，再结合本地实际论证了当前"校本教研"存在的问题，进而提出"生态校本教研"的概念。

由于横向思维是把事物放在空间上的普遍联系、复杂关系、相互作用的过程去考察，横向思维就呈现出如下特点：其一，共同性。它是指把历时性确定下来以后，研究在同一时间事物在空间上各个方面的相互关系。其二，横断性。它是指在对事物的横向比较中，把研究的个体放在事物的普遍联系中，充分展开事物各方面的相互联系，从而揭示纵向思维过程中不易察觉到的问题，发现自己的优势或弱点。其三，开放性，或广阔的空间性。它是指把事物置于广阔的空间，置于丰富多彩的复杂关系中，在周围不断开放的环境中，经常不断地输入和输出转换信息，增强与外部联系，吸收他方长处，增强活力，充实提高自己。

（三）纵向思维

1. 关于纵向思维

纵向思维，亦称历时性思维。它是把事物放在自己的过去、现在和将来的对比中进行分析与综合，揭示事物在不同时期或阶段上的特点及其前后联系，从而把握事物及其本质规律性的思维过程。

2. 纵向思维的应用

由于事物从过去到现在乃至将来的发展，呈现出从低级向更高级状态发展变化的基本趋势和道路，我们称事物的这种发展状态为纵向发展，人们跟踪事物的纵向发展进行思维，称为纵向思维。通过这个思维来揭示事物本质规律性的方法，称为纵向思维方法。

【案例11】课题"中小学教师有效教学经验建构的区域性培养模式研究"论证要点：①国外已有的研究成果。"美国成人教育精神之父"林德曼指出，在成人教育中，最有价值的资源是学习者的经验，经验是成人学习者最有效的课本。美国成人教育家诺尔斯认为：成人从事任何事情都以他自身经验为背景的。古德森进一步指出，教师过去的经验都会慢慢发展成为足以支配教师日后思考与行为的"影响史"。国外这些成人教育专家高度提出的个人经验理性研究为我们提供了很有价值的参考。但是，尚缺乏丰富的实践操作模式借鉴。②国内已有的研究成果。钟启泉教授认为，教师的"专业化"存在两种模式：技能熟练模式与反思性实践模式。无论是技能熟练模式，还是反思性实践模式，都十分尊重教师的实践成长这一规律。但是，如果熟练技能没有操作法则的提炼，反思实践没有有效经验的固化，必然会遏制有效经验在行业传承和社会传播中的效能发挥。赵昌木等认为，教师发展主体的自身实践活动是教师发展的根本动力。我国的教研部门和教师培训部门基于名师经验示范论的价值取向，长期以来，主要聚焦于"名、优、特"中小学教师的教学经验推广运用研究，例如我们大范围地推广霍懋臻、张思明、孙维刚、魏书生、于漪、斯霞全国名师的有效经验等等，这是十分必要的。然而，我们都认同这样的理念："名师不是培训出来的，而是干出来的"。因此，长期单一地关注名师间接经验的学习范式的推广是十分有局限性的。现实是，将一线中小学教师有效教学经验建构的成长历程作为研究重点的甚少，还有很多空间需要我们去进行填补性研究。

【案例12】课题"小学生数学问题意识的培养研究"论证要点：从国外近10多年的研究成果来看，以"问题意识"为研究对象，所涉及的内容比较广泛；有关于提出数学问题的策略与方法的研究；有对学生"问题提出"能力差异进行的比较；有对"问题"的信息来源所做的分析，还有对有关"问题提出"能力培养的教学设计，等等。20世纪90年代，国内开始了针对学生问题提出能力培养的专门研究。其中，吕传汉教授和汪秉彝教授提出的"数学情境与提出问题"教学模式在国内数学教育界引起了较大的反响。该模式的主要特点是强调教师的

引导作用和学生对知识的主动探究与索取；注重数学问题情境的创设，将学生基于数学情境的"质疑""提问"与"自主学习"贯穿在教学过程的始终；重视"情境—问题"学习链的构建及其作用的发挥。

案例11中，从"纵"的方面进行思考——历史上已有的研究成果，从已有的研究成果中分析存在的问题，论证了本研究的必要性。

案例12中，对以"问题意识"为研究对象的过去与现在作比较，分析、综合地推断将来可能的发展趋势。

由于纵向思维的思维模式是从事物的过去、现在到将来，在对同一事物不同时期的比较、分析和综合中推断将来，把握事物的发展趋势和可能的过程，纵向思维就呈现出如下特点：其一，历时性。它是指按时间的先后顺序考察事物，揭示事物的发展过程，它可以从事物的全部具体性上，把事物发展的规律性再现出来，也可以从事物的某几个或某个历史阶段上去考察。其二，稳定性。是指在历时性的比较中，所考察的对象必须是同一的。如果不是对同一个事物进行历时性考察，而是对不同的事物，就不可能获得真理性的知识。其三，预测性。纵向思维从过去与现在的比较中推断将来，并以对将来的推断指导未来的行动，而未来有可能这样，有可能那样，有可能按所推断的情况发生，也有可能不发生，因此，纵向思维对事物未来的考察是一种或然性的思维过程，具有预测性特点。

第四节　论证的基本内容

课题论证的内容一般就是课题研究的目的、意义，国内外对此课题研究的已有成果，哪些问题已达到什么水平和程度。

一、课题论证的基本内容

科学研究课题的详细论证要求十分严谨，一般地要对课题的有关内容使用现状调查、历史比较、未来预测、系统分析与综合、优选决策等等专门的技术方法进行论证，但是，作为群众性的中小学教育科研，受到各种限制，绝大部分课题不可能全部严格按上述过程处理。为了适应不同类型课题的需要，把课题论证的内容可以归结为七个方面十六个问题。

（一）课题研究依据

（1）课题研究目的、意义。

（2）课题的形成理论、实践、思维方法依据。

（3）课题相关的国内外研究动态。

（二）课题研究的目标系统

（4）课题的目标确切性。

（5）课题的目标体系。

（三）课题研究范畴

（6）课题研究的类型。

（7）课题研究的内容、对象、范围。

（四）课题研究的方法、步骤、进度

（8）课题研究方法的预计效果。

（9）课题研究步骤的落实程度。

（10）课题研究进度的可行性。

（五）课题研究策略

（11）课题研究工作与常规工作的协调。

（12）课题研究的难点、重点对策。

（六）课题成果结构形式

（13）课题成果的组成结构。

（14）课题成果提供形式。

（七）课题研究保证条件

（15）课题研究人员结构及与任务的匹配。

（16）课题研究的经费预算和物资器件。

二、课题论证报告撰写技巧

课题论证报告要阐述研究者拟探讨课题的价值、科学性和可行性，研究的具体问题与研究方法等，其质量如何直接反映了项目研究者的学术水平和科研能力，因此，掌握课题论证报告的撰写方法、策略是很重要的。下面仅讨论其中一些主要部分的撰写方法。

（一）问题的陈述部分

首先，要从陈述课题的目的、意义开始。研究者一开始就应开宗明义地、用精炼清晰的文字简明扼要地把整个研究的轮廓勾画出来，即说明提出研究课题的背景、研究的问题及其理论、实用价值，陈述问题时应当使用通俗易懂的语言，简单而清晰，这有利于与读者沟通。

在陈述研究问题时，研究者应注意以下几点：第一，应以"本研究的目的是……"的句式，用几句精炼的句子来概括研究的重要问题，点出研究的目的。避免过分注重细节说明，使阅读者无法把握研究的大意。第二，应对研究范围、对象加以界定。虽然后面还要具体说明研究的对象，但在此处概括提一下是很必要的。第三，应简要概括说明研究的主要假设，即对研究的主要结果作出概括性预测。第四，应详细而具体。指明研究本课题对于发展心理与教育科学有关理论或对于社会实践、教育实际和人们的日常生活有何重要意义。比如，拟进行的研究将如何完善、扩展或修正现有的理论，在理论或方法上将有什么重要突破，将有助于解决哪些实践中迫切需要解决的问题。总之，提供研究意义方面的详细信息将有助于表明拟研究课题的紧迫性和价值。在撰写此部分时，应当避免那种将研究要达到的目标定得过高、随意夸大研究价值的华而不实、不实事求是、缺乏严格的科学态度的不良倾向。

（二）有关文献的评述部分

在课题论证报告中，研究者应综述有关文献，介绍和分析国内外在本课题方面的研究概况、发展趋势和存在的主要问题，其目的在于进一步阐述研究课题提出的依据、意义，说明研究的科学性和创新性，同时，也表明项目研究者已经把握了该领域的研究现状，及其在研究内容、方法上的新进展。撰写该部分时，应注意以下几点：

（1）由于课题论证报告篇幅有限，而课题涉及的领域或方面又比较多，文献综述应紧紧地围绕课题探讨的中心问题，而不要将笔墨放在一些具体、细小问题上。

（2）综述应以时间或主题为线索，做到逻辑清晰，以高度简练的语言概括出课题涉及领域的进展状况。

（3）已有研究存在的问题、不足可能很多，应重点分析本研究拟进行突破、创新、改进的那些方面。

（4）对已有文献的评述应当客观、全面，切勿在未充分调研有关材料的情况下随意、主观断言，使用诸如"在这方面国内尚无任何研究"或"完全是一块空白"或"已有研究毫无价值"等语句。

（5）对已有文献尽力进行认真介绍，避免使用含有"该领域文献缺乏，值得综述的材料太少"或"该领域文献太多，难以简单概述"的陈述。

（6）应防止罗列大量无关或关系甚小的研究文献的不良倾向和做法。

（三）研究的方法部分

在研究方法部分，研究者应当对研究对象和拟采用的方法、工具等加以说明。对于研究对象，应重点指明研究对象的特征（如年龄、受教育水平等）、数量、来自什么范围、生活环境以及抽取的方法。研究方法部分应简要介绍本研究采用何种收集资料的方法、具体测量工具、手段是什么。

撰写该部分时，应将重点放在说明研究的总体思路、设计的逻辑思想、主要测量方法和被试选取等方面，而不用过多、过细地介绍有关细节。

（四）研究的进度安排

为完成课题而作出具体的工作安排和时间安排时，应说明本研究整个研究工作需多少时间，其中又分为几个阶段，每一阶段的具体任务和时限是什么。

科学研究的创新性决定了它的时间性，而各有关科研管理机构和基金会又通常对完成每一课题提交最后结题报告做出了较严格的限定，因此，做好具体工作安排并限定完成的时间是十分重要的，它有助于指导研究者目的明确地、系统地、一步一步地按时达到课题的最终目标，据此检查、督促工作，避免经常出现拖延倾向。安排研究进度时应注意以下几点：

（1）将整个课题合理地划分为若干部分，划分应当符合研究的逻辑进展顺序。

（2）在每段、每部分上合理、有效地分配研究者的时间和精力，注意保证研究的重点。

（3）时间安排应当遵循经济性原则，并充分考虑到研究工作中可能遇到的各种意外困难和出现的新情况，做到既紧凑又留有余地。

（4）进度安排应当重点预估研究的总体进展和目标，不宜订得过细、过死。

（五）课题组已有工作基础说明

说明课题组的特色和已有研究工作的良好基础，有助于有力论证课题可能完成的质量和条件。对于申请的大多数课题，常常不可能一个人完成，因而需要建立一个课题组。

课题组成员的组成取决于具体研究课题的性质。对于综合性课题，课题组成员最好来自不同学科，以利于从多学科角度对问题进行研究。为了保证科研各方面工作的顺利和有效进行，课题组成员的学术水平、年龄层次应当合理搭配。

在已有的工作基础和条件方面，应详细说明课题负责人、课题组成员在本课题所涉及领域曾做过的有关研究工作中有多少该方面的科研经验，受过何种专门训练，已有的知识和技能储备，研究资料的拥有和把握情况，为完成本课题而做的各种准备，其所在单位对完成课题能给予何种支持（如提供各种实验室、仪器、手段、计算机，保证研究者的时间和配备有关人员等），研究工作是否得到有关学校或政府部门的有力配合等。

（六）研究经费的预算

预算研究经费时应本着节俭的原则，即尽可能以最低研究的费用去争取最大的成果。课题经费包括的内容很多，如图书资料费、研究材料费、复印费、打印费、主试费、被试费、旅差交通费、上机处理费、有关会议费以及科研管理费等，预算时应考虑全面，以免遗漏。关于科研管理费，不同研究者所在单位的规章不同，而有的科研管理部门也对此有明确规定。研究费用各项支出的计算，应遵照国家、学校有关财务规定，力求具体精确，并说明计算的理由。与安排研究进度一样，经费预算也应当留有余地，以应付一些预算外的支出。

三、课题论证的主要关注点

教育科研课题的论证，不但在评审立项中起关键作用，而且是有计划、有步骤地开展课题研究，全面达到预定目标，顺利通过成果鉴定的前提和基础。主要关注三个问题：

（一）课题的理论价值和实践价值

什么是价值？从哲学高度看，价值是人的需要与满足需要的对象之间的关系。价值不单纯是客体的属性，也不单纯是主体的需要，而是客体的属性在多大程度上满足主体的需要。客体不会自动地满足主体的需要，靠主体能动地认识它、把握它，将主客体两方面统一起来考察。价值关系有三大特性：一是客观性。不仅客体属性是客观的，主体需要也是特定社会条件的产物，在不同的历史时代和不同的社会关系中，必然产生、也只能产生相应的需要。二是多样性。客体属性是多样的，主体需要也是多样的，因此，主客体的价值关系有多样性，我们要多角度、多层次地考察价值。三是历史性。客体属性不断变化，主体对客体属性的认识也随历史的发展而不断深化，主体的需要更由历史条件决定，因此，价值在本质上是一个历史范畴，我们不能割断历史来考察价值。客体的价值依靠它的功能而存在，也就是说，功能是价值的条件或手段，价值是功能的依据或目的。功能是系统与环境相互作用中表现出来的稳定的反应能力，说明能起到什么作用；价值则说明能满足什么需要。了解功能就可以判断价值；无功能就无价值，正向功能越多，价值越大。任何事物都非万能，其价值总有限度。

教育科研课题的理论价值指它在教育理论上能满足什么需要，也就是考察它在教育理论上能起到什么作用。主要有五项功能：一是教育观念的奠基功能。指教育理论能为树立正确的教育观、教师观、学生观、人才观、质量观、效益观等教育观念奠定基础。二是教育动机的引发功能。指教育理论能引导并发动教育工作者朝正确的教育目标开展持续的教育活动。三是教育行为的决策功能。指教育理论能使教育工作者在管理育人、教书育人、服务育人中做出预期型决策、选择型决策、随机型决策，实现教育决策科学化。四是教育效果的评价功能。指教育理论能使教育工作者对教育任务的完成情况、学校管理水平和学科教学水平、学生发展水平做出科学判断，获取反馈信息，改进教育工作。五是教育科研的促进功能。指教育理论能促进科研网络的形成、科研队伍的建设、科研方法的改进、科研管理的加强。教育科研课题的理论价值是通过上述一项或几项功能实现的，任何课题都不可能完全具备上述五项功能，也就是说不可能是万能的。

教育科研课题的实践价值指它在教育实践中能满足什么需要，准确地预测它在教育实践中能起到什么作用。不少教育实践工作者对课题的实践价值比对课题的理论价值感到容易把握些，但要注意教育实践的时空跨度：时间上包括过去的教育实践、现在的教育实践、将来的教育实践；空间上包括个体（教育行政干部、学校管理人员、教师、学生家长、校外辅导员）的教育实践、群体（教育行政部门、某类教育、某类学校、某类专业、某类学科、某类课程、党团组织、校办产业）的教育实践、社会（社区、家庭、校外教育机构）的教育实践。时空跨度越大，实践价值越大。换言之，有前瞻性和全局性意义的课题，实践价值相对大些。

（二）课题的研究目标

课题研究目标对课题研究活动起导向作用、激励作用和稳定作用，不但在申报课题时要明确研究目标，而且在课题研究的全过程中要自始至终紧紧扣住既定的研究目标，使研究内容、研究方法和研究手段服从于和服务于既定的研究目标，防止和纠正研究结果的目标差。

课题研究目标要合理，这个"理"指教育理论。教育理论是人们对教育规律的系统化的理性认识，是合规律性与合目的性的统一，是在反复的教育实践中形成并随教育实践的发展而发展的概念体系，是被教育实践所检验的真理。自1623年英国的培根在《论科学的价值和发展》中首次把教育学列入科学后，教育学便迅速地发展，由那时的一门学科发展为现在的一门科学即学科群。教育学的发展途径主要有四条：一是纵向分化。既按教育类型呈纵向分化为普通教育学、职业教育学、高等教育学、成人教育学；又按教育任务呈纵向分化为德育论、教学论、教育史。二是横向交叉。在两门学科的交叉地带产生新学科，如教育行政学、学校管理学、教育心理学、教育伦理学、教育社会学、教育经济学、教育统计学。三是定向综合。围绕一定的方向进行综合研究而产生新学科，如学科教育学、农村教育学、比较教育学。四是单向移植。将哲学或其他科学移植到教育学中而产生新学科，如教育哲学、教育系统论、教育控制论、教育信息论、协同教学论。要使课题研究目标合理，要从上述教育科学的分支学科中寻找立论根据。

课题研究目标要有效，这个"效"包括效率（一定的研究时间内所完成的工作量）、效果（阶段性研究成果和最终研究成果）、效益（对教育改革和发展的益处）。怎样保证课题研究目标取得高效，而不至于低效，甚至于无效呢？就课题研究目标本身来说，最重要的是达到四条要求：新颖、简明、具体、适度。

此外，课题研究目标要适度。长度、宽度、高度都要适宜，不能过度。长度指研究时间的跨度，学术无止境，科研无终点，课题研究目标只能是既定时间内所能达到的目标。宽度指研究范围的广度，范围过窄或者过宽都不能达标，要根据课题研究目标的需要以及课题组的内部条件和外部条件，确定研究范围的大小。高度指研究水平的程度，当然不是最低水平，但也不是最高水平，而是课题组可能尽力达到的水平。长度、宽度、高度要统筹兼顾，不能厚此薄彼、扬此抑延缓，甚至顾此失彼，否则，就会研究时间过长，或者研究范围过宽，或者研究水平的期望值过高。

要把课题研究目标落到实处，办成实事，收到实效，就要做到"五要五不要"：一要紧扣课题研究目标，不要让课题研究内容偏离课题研究目标；二要把每项研究内容表述明白，不要含糊其辞或模棱两可；三要注重研究内容的整体完备性，不要出现重大缺漏；四要保证每项研究内容的相对独立性，不要产生近似甚至雷同的现象；五要调控每项研究内容的难易均衡性，不要使各子课题的任务悬殊太大。

（三）课题的可行性以及特色、创新之处

1. 课题的可行性分析

确定了合理和有效的课题研究目标，设计了与之相关的研究内容，能否付诸实施，要分析可行性。不是喊口号，表决心，而是十分具体地、实事求是地阐明主观条件和客观条件，包含软件和硬件。主观条件包括：课题主持人近期出版的相关著作、发表的相关论文、编写的相关教材资料、介绍的相关经验体会、已经鉴定的相关课题成果、已经获得的相关科研奖励、课题的组织实施能力和研究时间保证，课题组成员的年龄结构、学历结构、职称结构、职务结构、前期的研究基础、现有的资料积累、研究水平和时间保证。客观条件包括：课题申报单位的教育事业发展现状和教育科研发展水平、单位领导的重视、有关部门的配合、研究所需的报刊图书资料和信息技术设备、实验方案的可行性，自筹经费的课题还要陈述经费来源。

2. 课题的特色剖析

特色是相对而言的，要与国内外过去相同或相似的课题研究进行比较，与国内外现在相同或相似的课题研究进行比较，有比较才有鉴别，通过纵横比较，才能认识特色。课题研究的特色表现为人无我有，人有我多，人多我优，人优我新。纵向上，包括研究目标的特色、研究内容的特色、研究过程的特色、研究方法和研究手段的特色、阶段性研究成果和最终研究成果的特色、应用和推广课题研究成果的特色。横向上，包括时代特征、国家特性、区域特点、学校特长以及教育管理、学校管理、专业、课程、教材、教法、学法、考试制度、产业开发、就业指导等特色。一个课题的研究，不可能在上述方方面面都有特色，但是没有自身特色就是"克隆"课题，毫无研究价值。分析课题研究的特色，不仅是为了立项，更重要的是使全体课题组成员在研究过程中能自始至终完善特色。

3. 课题的创新点考证

教育科研课题的研究，其创新途径主要有五条：一是温故知新（学习理论求新知），二是补旧为新（补充旧说成新说），三是推陈出新（推翻旧观念，树立新理念），四是综合革新（综合改革发展经验），五是开拓创新（开辟新的研究领域）。教育科研课题的研究，其创新方法主要有五种：一是提出新的学术观点，二是收集新的论证材料，三是采用新的表达方式，四是构建新的学科课程，五是试行新的教育措施。课题论证时，课题是否有创新点，主要从如下五方面考证：

（1）选题是否有"新"意。所谓具有"新意"的选题，指的是那些尚未解决或未完全解决的、预料经过研究可获得一定价值的新成果的课题，如新见解、新观点、新思想、新设计、新手段等，这种创新的课题在哪里？一般而言，在各种各样的矛盾点上，尤其是新旧之间的矛盾点。比如新事实与旧理论的矛盾、新

理论与旧理论的矛盾、不同学科之间的矛盾等等。

（2）思考是否有"深"度。对于问题是否分析思考产生的原因，探索改进、解决的办法；对于教学行为是否反思背后的理论基础，是否有教育教学中最成功细节、有失误和有创新的细节，分析查找原因，是否有理性认识；是否通过相关的教育学、心理学理论，用相关的理论来诠释、分析、思考、探究教育教学中遇到的问题和现象，用相关的理论来启发、指导、引领课题研究的整个过程，是否把教育理论和课题研究以及教育教学工作紧密结合起来。

（3）方法是否"适"度。在课题研究的过程中，是否根据课题研究的目的、内容和过程的需要，选择适当的教育科研方法，并且规范地按照教育科研方法的要求去实施。

（4）举措是否有"力"度。是否有改进实际教育教学工作的新举措，要考察在遵循教育教学基本规律和学生身心发展规律的基础上，是否与平常的教育教学工作有所区别、有所改进、有所革新；是否有改进教育教学的新思路、新途径、新方法、新策略、新模式，并且是否在教育教学中不断进行实践，不断进行探索，不断进行研讨，不断进行总结，不断进行提炼，不断进行提升。

（5）成效是否有"亮"点。一个课题只要认认真真、踏踏实实去做，多多少少会产生一定的成效。这种成效主要体现在实际的教学过程中，体现在学生的学习行为发生变化上，体现在教师教学行为发生变化上，也体现在教学效果的变化上。作为全校性的课题，还体现在学校的校风、学校的管理、师生的精神面貌上。要看这些成效是否有"亮点"。

第四章
高识远见，修炼蓝图规划力

第一节　规划是一种见识

规划是个人或组织制订的比较全面长远的发展计划，是对未来整体性、长期性、基本性问题的思考和考量，设计未来整套行动的方案。大到经营企业，小到一次做饭，都要有规划力。不管做什么事情，没有规划力是绝对不行的。那么，什么是规划力呢？做每件事情之前，先在脑子里想好应该怎么来进行，先把事情的先后顺序安排好，一步一步地让作业更加顺利地完成的能力，就叫做规划力。具体到教育科研，是指在进行研究之前，对研究的目标、研究内容、研究措施、研究人力、财力等做一个谋划的能力。具有规划力的人，常常会使研究有条不紊地开展，研究的目标性更强。

一、现场扫描

课题规划是教育科研工作的重要组成部分，它是实施研究的蓝图，其设计是否具备可操作性，不仅关系到实施能否顺利进行，而且直接关系到课题研究的效度及成败。实践中，课题规划设计存在如下现象与问题：

【现象一】不知"为何"规划设计

【案例1】有的课题主研人员根本没有认识到课题规划设计的重要性，认为按照常规开展活动即可，对课题规划设计究竟起到什么作用没有清醒的认识。

【问题诊断】这里的问题是主研人员对课题规划设计的价值、意义认识模糊，认为课题规划设计可有可无。事实上，课题规划设计的价值在于：对课题研究的方向和进程形成清晰的认识，做到心中有数，有事可为，一步一步地走向预期的目标。可以说良好的规划设计方案是研究成功的一半。

【问题一】对课题规划设计的价值、意义认识模糊

【现象二】不会课题规划设计

【案例2】在课题规划设计时，不知道包括哪些要素、内容。

【问题诊断】这里的问题是对课题研究的核心问题缺乏认识。课题规划设计有固有的范式，要对研究什么、为何研究、怎么研究、条件怎样、将有何成果等进行前期的思考、规划。

【问题二】缺乏基本的课题规划设计知识

【现象三】不能课题规划设计

【案例3】规划设计的课题研究方案，主题不新，任务不清，施工路线不畅。

【问题诊断】这里的问题是规划设计者缺乏高超规划设计能力。课题研究方案规划设计得好坏是设计者研究能力与素质高低的直接反应，需要设计者对整个课题研究想清楚、弄明白，进行深度思考，从而高屋建瓴地谋篇布局。

【问题三】课题研究者规划设计能力欠缺

课题规划是对课题研究工作所做的整体安排。良好的研究规划是确保教育科研顺利进行并取得成功的重要保证。课题研究规划主要阐述的是问题的价值、创建性和可行性，把自己提出问题的合理性讲清楚，求得认可和支持。研究规划主要阐述的是问题研究的科学思路及行动要点，为问题的最终解决提供科学的方案。研究规划科学严密，研究就成功了一半。

二、规划是一种见识

规划是实施课题研究的研究计划。一般说，它是研究目标确定以后的继续，是实施总体目标的重要手段。研究的总体目标只有通过具体的规划来加以实施，才能最后达到预期的效果。规划的职能主要包括决定最后结果，以及获得这些结果的适当手段和全部管理活动。简单地说，规划就是行动之前所做出的某些事先的考虑。实践证明，规划得当，就能取得研究的预期效果。同时，规划做得好坏，体现了一个研究者的水平高低。当然，规划的职能主要包括四个部分：确定研究目标以及研究目标的先后次序；预测对实现研究目标可能产生影响的未来事态；通过预先设计来执行规划；提出和贯彻指导实现预期研究目标的活动措施。这四个部分总是相互联系，相互依赖，依靠它们最后制定出全面的规划，并且引导课题组达到预定的研究目标。缺少其中任何一个方面，都会给规划的实现造成障碍。从这个角度来说，对教育科研的规划是一种见识。

第二节　规划的基本结构

课题规划的目的是使研究者对研究过程有一个清晰的认识和准确的把握，在研究的前期工作中，对所要研究的问题、所采用的方法、所要得到的结果做到心中有数。这是任何一项课题都务必要做的研究内容之一，也是研究的前提。主要解决三个问题：研究什么问题，怎样开展研究，预期的成果是什么。

一、课题规划的意义

课题规划是指课题研究行动的设计，是行动之前预先拟定的具体内容和步骤，它是研究工作的全盘计划和方略，研究方案设计是研究前期准备阶段的重要内容。有经验的研究者都用较多的时间做这项工作，并把研究方案作为研究成果的内容之一。课题规划设计方法论，就是回答一项课题要不要做研究计划，做什么样的计划，怎么做计划，等等。研究方案回答研究什么和怎么进行研究。一般包括研究目的、研究问题、研究重点、研究方法、研究分工、研究步骤、研究周期及其阶段研究任务、研究成本核算以及预期研究成果等方面的内容。

二、课题规划的价值

1. 对研究问题的阐释

课题规划要介绍课题的现实背景及意义，主要是说明课题的来源，阐述为什么要研究，包括介绍课题提出的大背景，本课题与时代发展、社会变革的联系；结合自己当前的教育教学实际，提出实践中需要解决的现实问题；阐述研究的意义，说明理论价值和实践价值。

2. 对研究过程的布局

课题规划能使研究者把握研究的全过程，使研究工作有目的、有计划、有步骤地进行；课题规划是研究的诀窍，是研究的隐性知识，因此，是重要的研究成果，只是一些研究者还没有认识到。诀窍类的知识，一般在纸上写不出来，只能意会，不能言传。

3. 对研究方法的预设

课题规划是一种研究方法，是研究的谋略。它反映研究者的研究思路和设计策略，实际上反映研究者的研究能力和水平。尤其对群体研究和周期较长的课题研究来说，课题规划更具意义。课题规划使研究者把握研究的方向和研究进展。

4. 对研究成果的展望

课题规划能说明前人的研究成果、某学科研究的前沿、进展以及正在解决和尚未解决的问题，论证自己研究的起点和新意；能规划研究的成果，为研究结果的总结做预先准备。

三、课题规划的基本结构

课题规划的基本结构主要回答"是什么，为什么，研究什么，怎么研究，达到怎样的成果，需要什么保障措施"等，具体而言指：

（一）是什么

这里主要通过课题名称来体现。课题名称是对课题研究实质的高度概括，是提供给读者的第一信息窗口，犹如文章的题目，起着画龙点睛的作用。一个好的课题名称，使别人看后能很快地从课题的名称中理解课题研究的实质，它的文字表达力求做到新颖、准确、简洁、生动和引人注目。一般有三种形式：

第一种是直述课题研究的问题，用词较为概括，如，成功教育研究，研究的问题就是成功教育。

第二种是在课题名称中尽可能表明研究三要素：研究对象、研究问题和研究方法。如，小学语文主题教学实践研究，研究对象是小学生，研究的问题是语文主题教学，研究的方法是实验法。

第三种是为了使课题名称醒目突出，或因文字表述较多，干脆采用正副标题形式，正标题精炼新颖，副标题再作补充和解释。如，阅读"中国人"，书写"中国人"——彰显语文教育人文性的实践研究。

一般在研究方案中我们提倡采用前两种形式，在研究报告中可采用第三种形式。

目前，中小学教师在确定课题名称过程中易出现下面一些问题是：①大而空——外延过大，研究对象表述含混不清。如，提升学校教学质量研究，对于学校而言，教学质量是一个外延和内涵都十分广阔的概念，研究对象可以是大学、中学、小学等各阶段学校，研究内容面也过于宽泛。②小而繁。如，"加强农村学生的文明礼仪教育，促进新农村建设的实践研究"，这个课题名称是一段文字陈述，有两个关键词：文明礼仪教育和新农村建设，没有中心，繁琐冗长，概念含混不清，课题需要解决的问题不明确，使人无法去设想，不能理解究竟研究的是什么问题。③名称陈旧——让人看了好像"似曾相识"，无新鲜感。如，"农村小学生学习习惯培养研究"，这个课题给人无新鲜感。造成这种情况的原因，一方面恐怕是课题的选择有问题，选择了别人已经做过多次研究的课题；另一方面可能是没能用现代的词汇和新颖的学术用语表述，这就需要文字上的斟酌推敲，看用什么样的词语表达最好。

（二）为什么

1. 问题提出

这部分是从该领域存在的问题和解决这一问题的迫切性、重要性起笔，在此基础上明确提出所要研究的问题。或者从综述前人的研究成果，指出前人尚未解决的问题，显露该领域的空白，从而提出本课题所要研究和解决的问题。这里的关键是，要从不同的角度提出和表述所提出的问题，从而体现研究的新意。

2. 文献综述

文献综述是课题研究的基础。这部分主要说明三点：一是该问题研究的主要观点（发表何处），研究者是谁，研究的进展和发展趋势；二是说明该问题尚未解决的问题以及解决这些问题的意义；三是对已有的研究作出价值评价。

【案例4】课题"义务教育数学课程标准的适切性研究"文献综述（部分）

从国内专著、论文文献搜集来看，关于义务教育数学课程标准的研究主要集中在三方面：第一，对《课标》的比较研究。2004年，白莲花的《中美数学课程标准比较研究》；2007年，黄哲文的《关于澳大利亚和新西兰义务教育阶段数学课程标准的初步研究》等侧重于我国《课标》与国外的比较。2006年，张玉梅的《我国两岸三地义务教育数学课程标准（"空间与图形"部分）比较研究》，重点对我国两岸三地《课标》的分析比较。第二，对《课标》的评析。2012年，黄翔、童莉、沈林的《数学课程基本理念的丰富与发展——从义务教育数学课程标准的修订看数学课程理念的新变化》是对《课标》理念的剖析。2006年，孔企平的《〈全日制义务教育数学课程标准〉评析》是对《课标》价值与意义的分析。2012年，赵绪昌的《准确把握课标变化，提高学生数学素养——〈义务教育数学课程标准（2011年版）〉的内容调整及实施建议》是对《课标》内容的剖析。第三，对《课标》实践的研究。2002年，宋晓平的《义务教育阶段〈数学课程标准〉与〈数学〉教科书实验跟踪研究》跟踪研究了数学教师对《标准》的感受与评价，教师、学生对《数学》教科书的感受与评价。2005年，李金富的《〈全日制义务教育数学课程标准〉的适应性研究——凉山彝族农村小学数学新教材实验的调查研究》是对《课标》的适应性研究。2007年，王辉的《不同版本初中数学教科书与课程标准的一致性分析——基于数与代数领域的课程难度层

面》是对教科书与《课标》的一致性研究。综上可见，目前国内学者对义务教育数学课程标准的研究主要是对《课标》本身理念、内容和实践的分析，而从课程理念、课程目标、课程内容标准和实施建议等全方位地研究义务教育数学课程标准的适切性还是一片空白，尤其对《课标（2011年版）》的适切性研究还没有学者问津。

在研究方案里面，这一部分不一定写很多，要把这一部分拿出来单独形成一份成果。研究方案里的内容是对这篇文献研究综述的概括。文献研究是课题成果的一部分，而不是可有可无的工作。

3. 研究目的与意义

这部分要阐明课题研究的价值。主要从两个方面来说，一是说明这项研究有什么用；二是从理论和实践两个方面说明研究的意义。这一部分要结合"问题的提出"来阐明。

（三）研究什么

1. 研究的目标

研究目标是通过的研究，能得出什么样的结论。研究目标应具体、明了、简练，并具有可评价性；课题研究的目标应突出：通过研究将得到什么新理论、新理念、新观点、新认识、新模式、新途径、新方法、新对策等。研究目标的表述一般为：了解……；探索……；确定……；构建……；形成……；建立……；等等。

【案例5】课题"培养学生自主学习能力的实验与研究"的研究目标：掌握学生自主学习能力的状况；探讨学生自主学习能力的培养途径与方法；构建培养学生自主学习能力的教学模式。

2. 研究的内容

研究内容的实质是对课题题目和研究目标的具体分解，形成研究问题。其方法有二：一是根据研究目标来确定，为了要达到研究目标，需要研究什么内容；二是从现状研究、归因研究、方法或对策研究几方面来确定。只有把研究的问题弄清楚了，研究才能开始。

【案例6】课题"培养学生自主学习能力的实验与研究"的研究内容为：①研究学生自主学习能力的评价标准和评价方法；②调查学生自主学习能力的状况；③分析学生自主学习能力偏低的原因，提出提高学生自主学习能力的对策；④探讨学生自主学习能力形成的有关规律；⑤探究从课堂教学、课外活动、社会实践活动、家庭等途径培养学生自主学习能力的有效方法；⑥构建课堂教学中培养学生自主学习能力的教学模式（含各学科）。

对研究问题的分解越细致，研究起来就越轻松，越顺利。研究搞不下去，一是方法不对路；二是所要研究的问题不清楚。问题不怕多，就怕提不出来。

3. 研究的重点

一项课题，要研究的问题有许多，不能眉毛胡子一起抓。要有重点，分主次，要抓住问题的主要矛盾和本质问题，这样才有望取得预期的成果。

【案例7】课题"培养学生自主学习能力的实验与研究"的研究重点为：①探究从课堂教学、课外活动、社会实践活动、家庭等途径培养学生自主学习能力的有效方法；②构建课堂教学中培养学生自主学习能力的教学模式（含各学科）。

（四）怎样研究

1. 研究假设

研究的问题以假设的形式提出来就变得更加明确了。一般来说应提供这样的内容，回答该研究的实际问题，对已知事实能做出解释，并且能预言一些能被证实的观察。

【案例8】课题"构建生态校本教研系统促进教师专业发展研究"的研究假设：如果构建了生态校本教研系统，并能科学合理地运用，充分发挥集体智慧和团队精神，加强教研活动的针对性，充分利用本地优势教育资源，管研并举，研训一体，龙头带动，校际联动，课题联通，专业引领，阶段侧重，分层推进，研以致用，改善学校实践，有助于提高教育教学质量，促进教师和学生共同发展。

任何假设以及后果的考虑必须在研究之前就形成，因为研究不能盲目进行。另外，假设的细节也不能忽视。如果一个假设随着研究的进程而改变，那么这个假设是十分可疑的。假设可分为两类：一类是描述性假设，描述原因和可能有的结果；另一类是解释性假设，解释由某种原因导致的可能有的结果以及说明必然产生这些结果的条件。描述性假设不具有预见性，而解释性假设则具有预见性。

2. 研究方法

研究方法的确定取决于研究的类型。理论研究有理论研究的方法，应用研究有应用研究的方法，技术研究有技术研究的方法。理论研究一般采用文献研究方法和思辩方法等；应用研究一般采用实验方法或试验方法等；技术研究采用试验方法等。任何研究往往不只是采用一种方法，而是几种方法的综合运用。

【案例9】课题"普通高中特色校本课程的开发与实践"就是一项应用研究，这项研究可采用至少三种方法：一是文献研究方法；二是经验总结法；三是

行动研究法。

3. 研究步骤

研究过程一般分为三个阶段，即准备阶段、研究阶段和总结阶段。研究步骤要按照这三个阶段进行设计。每一阶段要做什么、怎么做，大体上什么时间做，什么时间做出什么，要有明确的设计，这样才能使研究工作一环紧扣一环。准备阶段是论证问题和制订方案的过程；研究阶段是解决问题的过程；总结阶段是回答问题的过程。每个阶段的内容不同，任务不同，所采用的方法也不同。当然，每个阶段都有每个阶段的研究成果。这一点十分重要。

（五）达到怎样的成果

1. 研究结果

一般来说，一个课题要解决几个问题，就应当得出几条结果。结果是研究的心脏，结果是依据所研究的问题确定的。预计要解决哪些问题，怎样表述研究结果，这是预先就应作出设计的。只有预先设计，才能在研究过程中，有意识地将研究所得到的必要数据、资料、典型案例、观察记录收集起来。这些研究资料如何整理和表述，是用统计表、曲线图，还是照片结合文字分别叙述等都要有一个预先的设计。

2. 预期成果

一项课题最终的研究成果在研究之前应预先有一个考虑，设计出成果的形式、成果的数量、成果的应用以及成果应用的对象、范围等等。这个问题是许多研究者缺乏考虑的，尤其是缺乏在研究之前预先考虑。

成果是一项研究的表现形式，成果的意义、价值决定着一项研究的意义和价值，一项研究成果的价值表现在不同的方面，相对而言，有的成果理论价值大，应用价值小；有的成果应用价值大，理论价值小；而有的成果理论价值和应用价值都大。因此一项研究课题，值不值得去研究，要考察它的成果价值。一项研究课题的成果形式是多种多样的，如学术论文、研究报告、专著、工具书、文献资料汇编、目录索引、研究工作总结，研究工具，如调查问卷、测量表、教学软件、教学光盘、专题讨论纪要、研究档案、提案与建议、科普读物，以及在报刊上发表的有一定见解的千字文等等，都是研究成果的不同表现形式。

成果无论是什么样的形式，在设计的时候都要考虑到该成果所应用的对象，考虑到成果推广的形式。研究者也应该是成果的第一个推广者。从经营的角度就是要考虑成果的市场，所做出的成果究竟有没有市场。没有市场索性不做，市场不大，也不去做。既然做，那就做有大市场的成果，争取最大效益。一般而言，学术论文、专著、研究报告是给学术界和科研管理部门看的，普通老百姓不看，因此，读者面窄；研究成果所形成的提案和建议是给政府决策部门看的，学术界一般也不看。因为学术界即使看了，问题也解决不了，因此，读者面也窄。研究成果形成千字文，发表在报刊上，读者群就比较大，一般来说，人们也爱看千字文。然而，研究者往往不愿意把自己的成果用千字文写出来，而总是写成一篇高水平的学术论文，至于论文观点的普及问题认为不关他的事。

理论存在着两种形态：一种是以各种特定的范畴、规律、规则形式出现的逻辑化了的理论，这种理论更多的是一种理论知识；另一种理论则是深悟理论与实际的关系，善于把握理论中的立场、观点和方法，并能将之精当地渗透、贯穿在现实的社会运动中，形成一种辨证的思维方式和总体的战略"构想"，这是活的理论形态。

（六）需要什么保障措施

1. 研究周期

主要说明整个研究工作需要多长时间，其中又分为几个阶段，每一个阶段的具体任务和时限是什么。应当重视的是第一阶段的研究任务的设计要与预期成果联系起来考虑。

2. 研究计划

要根据研究周期、研究阶段和研究任务安排一个时间表。科研管理部门通常会对各课题组提交最后的研究报告作出较严格的时间限定，因此，做好具体工作安排并限定完成时间是十分重要的，它有助于指导研究者目的明确地、系统地、一步一步地按时达到课题的最终目标，并据此检查、督促研究工作，避免经常出现的拖延现象。

3. 研究分工

对于一个课题组来说这项工作十分重要。一项研究，只有分工细致，人尽其才，才能把工作做好。

4. 研究过程管理

主要是针对课题负责人而言，如何保证课题研究的顺利进行，加强研究过程管理是一条研究策略。对研究过程管理什么呢？主要内容是：把握研究的问题和研究方向，协调研究力量解决研究难点，资料档案的收集和整理，研究力量的投入与分配，阶段任务的验收，研究思路和方法的调整，经费的使用，研究的进

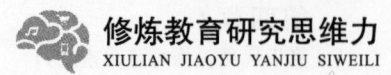

度，专家咨询，学术研讨，研究报告的执笔，成果宣传等等。

5. 经费管理

研究要考虑成本。一项研究的成本是指从事研究的劳动量和劳动时间以及研究经费等要素。成本核算就是要把这些要素核算到研究全过程或研究成果之中。要核算研究成本与研究成果的比例，一定的成本是否能够达到或产生一定价值的研究成果，即投入与产出之比。少量的研究经费应当用在什么地方，这是研究者要深入考虑的。不能做无效益的劳动。

6. 信息资料管理

研究过程中，对研究的信息、资料、数据的积累和管理是很重要的，这些信息、资料怎么收集，怎么管理，怎么使用，要制定一些管理办法。一不能流失，二不能随便去用。研究资料是研究成果原始材料，缺少了就得不出成果。对研究资料的收集和管理，既要从成果的角度考虑，还要从知识产权的角度考虑。应该说是课题组的有型资产，具有一定的价值。

7. 合作关系

合作关系包括：负责人与成员的关系、设计者与研究者的关系、指导者与研究者的关系、主研者与辅研者的关系、资料占有者与资料总结者的关系、执笔者与其他总结的关系、投资者与研究者的关系、研究者与推广者的关系、研究者与管理者的关系。

第三节　规划的思维策略

课题规划是为了对课题研究的方向和进程形成清晰的认识，做到心中有数，有事可为，一步一步地走向预期的目标。从思维角度来说，课题规划需要整体思维、战略思维，只有站得高，才能看得远，也才能想得深。

一、课题规划设计的思维导图

（一）规划设计基本思路

作为课题研究的"蓝图"——规划设计方案，其设计可沿着"现实—理想—可能—可行"的思路进行。

（1）现实。即起始状态，教育教学中的实际现象如何，事实是怎么样的。

（2）理想。即应然状态，从"最优化"的角度构建理想的模型（在理想的比照之下，能看清现实中的问题，两者的差距所在）。

（3）可能。就是改变现实状态有哪些途径，哪些方面能改进到怎样的程度，或者对"理想"加以修正，明确研究目标，提出研究假设。

（4）可行。就是分析实际资源，对问题按轻重缓急和解决条件做出分类，确定具有实际价值的研究内容，选择切实可行的研究方法。

（二）规划设计方案基本构成

课题研究的方案尽管形式多样，但都要回答如表4-1所示的基本问题。对这些基本问题的回答，就构成了课题研究方案的各种要素及展开时的参考排序（表4-1中的序号），并可根据研究需要有所调整。

表4-1　课题规划设计方案要回答的基本问题/构成要素及参考排序/意图指向

基本问题	构成要素及参考排序	意图指向
为何研究	①课题的现实背景（问题的提出）和意义；②国内外相关研究综述（文献综述）；③研究依据	缘由
研究什么	④研究目的（目标）；⑤研究内容（问题细化及解决构想）；⑥研究假设；⑦变量界定	任务
怎么研究	⑧研究方法（及措施）；⑨研究步骤（任务时间表）；⑩资源配置（如人员分工、经费预算）	程序
条件怎样	⑪完成土建分析（如前期成果、人力资源、物质条件）；⑫注释与参考文献	基础
预计收获	⑬预期成果（如应有水平、表现方式）	效益

在课题研究中，各个要素并不是孤立的。相反，它们都是研究方案的有机组成部分，通过彼此之间的逻辑关系联结成为一个具有内在结构的整体。

（三）课题规划设计的思维导图

一个课题设计需要经过如图4-1所示的思维过程。首先，兴趣是研究的动力，找到感兴趣的问题或现象，就确定了研究的大致方向。接着，查阅相关文献或做初步的调查咨询，旨在了解"行情"，扩大视野，以寻找合适的切口，最终确定研究问题。继而，围绕课题研究的目标与假设，对变量、内容、方法、步骤、资源、条件及预期成果等各个方面进行充分、合理和明确的论证或设想，最终形成课题设计方案。

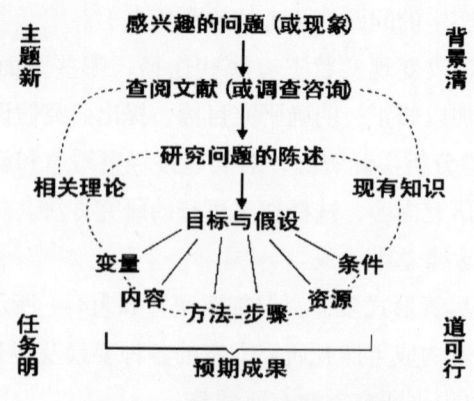

图4-1 课题规划设计思维导图

一个好的课题规划设计，其研究方案最终应该做到：

（1）清。即背景清，要清晰梳理相关领域的研究背景。

（2）新。即主题新，在背景分析的基础上，选择缺乏研究或者尚未完善的领域，提炼出新颖而富有实际意义的主题。

（3）明。即任务明，把主题分解为具体明确的、可操作的研究任务。

（4）行。即道可行，为完成任务制定符合实际条件的操作方法、步骤和手段。

二、课题规划的典型思维

（一）整体思维

1. 关于整体思维

客观事物的整体性是整体思维的前提。整体思维就是把客观对象的混沌抽象的整体加以系统分析和系统综合，并使之具体化的整个思维过程。客观整体在思维主体的显现中可以有两种不同的形式：一种是由各个部分机械相加构成的，另一种是按其内部固有的特性构成的。前者不能在思维中逻辑地再现客观整体，后者则能，而它正是整体思维。整体思维是属于辩证思维，也就是辩证逻辑研究的内容，在思维层次的划分上应该属于辩证思维层次，而不是什么更高的思维层次。

整体思维在辩证逻辑中作为一种独立的思维方式，其特定的原则和规律可归纳为三：第一，连续性原则，即当思维对象确定后，思维主体就要从许多纵的方面去反映客观整体，把整个客观整体视为一个有机延续而不间断的发展过程，不要人为地中断整个思维过程；第二，立体性原则，即当思维对象确立之后，思维主体要从横的方面，也就是从客观事物自身所包含的各种属性整体地考察它，反映它，使整体性事物内在诸因素之间的错综复杂关系，清晰地展示出来；第三，系统性原则，即是从纵横两方面来对客观事物进行分析和综合，并按客观事物本身所固有的层次和结构，组成认识之网，逻辑再现客观事物的全貌。

2. 整体性思维技术路线

【案例10】课题"小学语文习作序列教学探索实验"规划方案

▶ 问题提出

学生习作存在"厌"（讨厌习作，有畏惧心理，自信心不足）、"假"（内容假、大、空）。教师在习作教学上存在"盲"（不知如何引导）、"套"（背范文，套模式）。分析原因有三：一是教师训练序列盲目化，指导形式程序化，评价标准随意化。二是教材跳跃太大，联系松散；训练序列难以把握。三是学生习作生活体验无序化。

▶ 课题关键词界定

序列：现代汉语词典解释为：①"按次序排列的队伍"②"体系与系统"。我们认为习作教学序列应当是一个由易到难由简到繁由浅入深循序渐进的教学体系。

▶ 课题研究的理论基础

（1）系统论。

（2）维果斯基的认知发展理论。

（3）作文教学法理论。

（4）新课程改革特别是《小学语文新课程标准》的有关精神、素质教育理论、语文教学系统理论等。

▶ 课题研究的对象及研究方法

（1）研究对象：1~6年级的小学生。

（2）研究方法：调查研究法、个案研究法、行动研究法和经验总结法。

▶ 研究目标

（1）建立基于小学语文新课程标准的小学语文习作知识序列。

（2）建立基于小学生认知水平发展基础的习作能力序列。

（3）探索小学习作序列教学的有效策略。

（4）形成科学合理的小学习作教学评价机制。

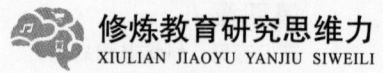

▶ 课题研究的过程（略）

▶ 本课题的研究组织与管理（略）

▶ 研究内容

（1）研标读本，建立知识序列。

a. 学段序列三维目标。

b. 年级序列目标。

c. 学期序列目标。

（2）据段定点，建立"352"训练序列。

a. "3"段训练重点：低学句、中组段、高构篇。

b. "5"步训练方略：看图说话训练、看图写话训练、片段训练、半独立篇章训练、篇章训练。

c. "2"个训练梯度：两步练句梯度、连句成段梯度、片段训练梯度、半独立篇章训练梯度、综合训练阶段训练梯度。

（3）循序择法，建立方法序列。

a. 低段：童话连载法、鹦鹉学舌法、"五字"结合法、连句六法等。

b. 中段：复述法、仿写片断法、化整为零法、静态描写法、因势利导法、游戏表演法等。

c. 高段：情景交融描写法、移步换景法、人物特写法、连续动作描写法、谋篇布局法、放飞想象法、科际交流法、活动体验式法等。

（4）以能启智，建立能力序列。

a. 会观察：观察目标序列、观察内容序列、观察训练序列。

b. 爱积累：低段——字词的积累、基本句型的积累；中段——积累有新鲜感词句、基本段式；高段——进一步积累有新鲜感的或"引人思考"的语言和"陌生化"的文章结构形式，学习谋篇布局的本领等。

c. 能表达：有兴趣，乐于写；有范例，自由写；有创意，学会写。

d. 启思维。

e. 塑人文：积累情感、内涵素养、真情表达、塑造个性。

（5）激趣"论"文，建立习作评价序列。

a. 建立"线"评价序列。

b. 建立"段"评价序列。

c. 评价方法。

▶ 预期成效

（1）理论成果。

a. 归纳小学语文习作教学的有关理论。

b. 形成关于小学语文习作教学的几点认识。

（2）建构小学语文习作教学的操作模式。

（3）具体效果。

A. 学生的综合素质明显提高：激发学生的习作兴趣；养成学生良好的习作习惯；提高学生的习作能力；提高学生的习作水平；提高学生的人文素养等。

B. 教师的教学和科研能力明显提高。

C. 习作序列教学实验研究助推学校的发展：为学校营造活跃的学术氛围；提升学校的办学品位。

D. 产生积极的社会影响。

案例10中，应用整体性思维，通过现状调查，对为何开展小学语文习作序列教学探索进行分析，也就是对本课题研究的必要性分析；通过查阅习作教学的相关文献，对习作教学目前的研究进展进行了分析，从学术价值、理论价值和实践价值三方面回答了本课题研究的价值性；从研究方法的采用、研究人员对开展课题研究的资格与能力、研究经费的保障、研究过程安排等方面分析了本课题研究的可行性；从整体上规划了"知识序列、训练序列、方法序列和评价序列"的研究内容，明确了研究过程中的任务与内容；还对研究的预期成效进行了规划，既有理论成果，也有实际效果，还有社会影响，对本课题研究的发展性进行了分析。由此，我们可得到整体性思维在课题规划中的技术路线。

a. 视角的多维度以及方案的全程化。视角的多维度从思维的全局性出发，一方面，要求对研究课题所涉及的不同领域进行条件判断、策略制定及逻辑串联；另一方面，在方案制定时关注现实的以及未来可能发生的变化。在方案的全程化方面，需从思维的完整性出发，完成从构思、谋划、规划到实施等一连串的思维过程，给出相应的结论，构成一个完整而具体的研究课题全过程预设方案。

b. 整体性思维下的规划设计，包括"策"和"划"两个部分。"策"的部分对应构思及谋划。首先，通过对研究问题的现状调查，对"为何"的反思，从必要性维度分析，奠定研究课题的现实基础。其次，通过查阅相关文献，对"怎么样"的思考，从价值性维度分析、考究研究课题。"划"的部分对应规划及实施。"划"以"策"为基础，结合课题研究的人、财、物的保障分析，对"怎么

办"的思考，进行具体的操作性设计。最后，在设计完成后，根据设计规划方案，结合前沿分析，对"将怎么样"的思考，预测研究课题的成效，对教育科学发展的影响或贡献；同时，在对发展性分析后，进而对其余三个维度进行反馈修正，形成有效的优化循环。

此外，"策"与"划"之间也形成修正优化的回路。以此为思路的规划设计，从必要性、价值性、可行性和发展性四个维度，给出了研究缘由、内容策划、设计方案及对策措施四个阶段的相应结论，体现了整体性思维（图4-2）。

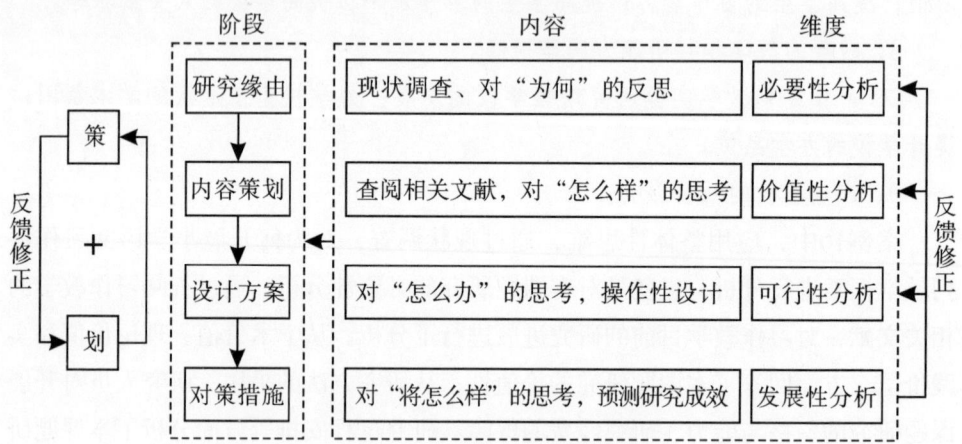

图4-2 整体性思维技术路线图

（二）战略思维

1. 关于战略思维

战略思维是依据和运用系统的科学知识，遵循特有的逻辑程序进行的理论思维。战略思维是整个思维过程中研究战略诸问题的思考、谋划过程，既包括认识世界的思维过程，又包括改造世界过程中进一步深入思考、谋划的思维过程。它是人类认识的理性阶段，是对事物内在本质和规律的认识，是认识的高级阶段；战略思维不单纯是抽象思维，而是抽象思维、形象思维和创造性思维多种形式思维的整合，是辩证思维方式、系统思维方式、复杂性思维方式的综合运用，是新型的高级思维方式。战略思维的特质是：全局性、大局性和规律性。有人甚至认为，战略思维就是关于议大事、谋大局的深入思考，是对带全局性、长远性重大事情的统筹谋划活动。战略思维具有方向性和指导性、整体性和系统性、开放性和动态性、前瞻性和长期性、创造性和确定性、针对性和实用性等特性。

2. 把握战略思维的辩证本性

战略思维是从实际出发，正确处理全局与局部、未来与现实的关系，并抓住主要矛盾制定相应规划，为实现全局性、长远性目标而进行的思维。

（1）大与小。这就是说，掌握和运用战略思维，要在正确理解系统和要素辩证关系的基础上处理好全局与局部之间的关系。事物都是作为系统而存在的。系统是由相互联系、相互作用的各个要素所形成的有机整体。处于某系统中的要素，其性能和价值必然要受到系统整体的影响和制约。以较大系统为对象的战略思维，主要是着眼于系统整体，并通过认识各局部在系统中的功能和价值，制定最优行动规划，以使系统和要素、整体和部分得以和谐发展。

（2）长与短。也就是说，掌握和运用战略思维，要在正确理解过程和阶段辩证关系的基础上处理好未来与现实之间的关系。事物不仅作为系统而存在，也是作为过程而存在的。事物发展的过程往往表现为若干不同的发展阶段。战略思维主要是着眼于事物发展的全过程，并通过对未来的科学预测，制定相应规划，形成观念化、意向化的实践模型，作用于现实，以避免由于现阶段的发展而使后续阶段的发展丧失必要条件。所以，运用战略思维，就必须做到立足今天，预测明天，走这一步，想下一步。

（3）主与次。也就是说，掌握和运用战略思维，要在正确理解主要矛盾和次要矛盾辩证关系的基础上处理好重点与非重点之间的关系。战略思维对象本身往往包含着许多矛盾，这些矛盾的地位和作用是不同的，其中必有一对矛盾是主要的矛盾，它不仅规定和影响着其他矛盾的存在和发展，也贯穿于过程的始终并规定着我们的战略目标和战略方向。运用战略思维，就要在综合分析的基础上牢牢把握主要矛盾和中心工作，这样才能清醒地观察和把握社会矛盾的全局，有效地促进各种社会矛盾的解决，进而带动全局的发展。当然，还必须看到，主要和非主要、重点和非重点是相互依存、相互贯通的。非主要矛盾和非重点问题如果解决不好，也会影响主要矛盾和重点问题的解决，进而影响战略目标的实现。所以，在抓住重点、突出重点的同时，还必须统筹兼顾，切实解决其他一系列矛盾，特别是解决那些对于解决主要矛盾、从而对于推动全局有重大影响的矛盾。

（4）知与行。这就是说，掌握和运用战略思维，要在正确理解认识和实践辩证关系的基础上处理好认识世界和改造世界的关系。人们借助战略思维，是为了形成关于外部事物的知识和理论，获得更正确、更全面和更深刻的认识，即认识世界的"本来面目"，也是为了在真理性认识的基础上，观念地将事物的"本

来面目"改变成理想的状态,形成正确的实践理念,用以指导实践活动,以达到改造客观世界的目的。这说明,战略思维是知与行的内在统一,它不仅具有从实践中获取认识的功能,而且具有从主观意图、目的出发,将经过一系列逻辑思维活动的加工而形成的"意识产品"运用到实践中去的功能。所以,战略思维既是一种直接指向认识的思维活动,也是一种直接指向实践的思维活动。

3. 战略性思维的应用

运用战略思维,是一种思维网络系统,也是一种思维系统工程。其核心是运用唯物辩证法的思维方法来思考、谋划认识世界和改造世界的过程。

【案例11】课题"校园感恩文化培育研究"规划方案

▶ 问题提出

首先介绍之江小学的变迁史(从八角小学到之江小学,突出浙江对口援建),然后从学校长远发展规划:确立校园文化建设的主体为"感恩文化"。它的优势是:

一是有利于促进"两江文化"的交流与融合;二是有利于打造特色校园文化;三是有利于促进学校长远发展。

▶ 研究措施

(1)以"文化传承"孕育感恩意识。

A. 传诵中外感恩故事,在故事中了解感恩。

a. 收集、整理古今国外经典感恩故事,汇编成集。

b. 收集、整理古今中国经典感恩故事,汇编成集。

c. 多种形式开展中外感恩故事传诵。

B. 追溯"两江"感恩渊源,在渊源中理解感恩。

a. 历史上"两江"感恩史话。

b. 近现代"两江"帮扶事实。

c. 浙江援建的历史与现实意义。

C. 创意校园感恩主题,在主题中内化感恩。

a. 创意学校文化理念。

b. 确立校园主流文化。

c. 确定学校发展愿景。

(2)以"顶层设计"引领感恩行为。

A. 规划学校发展蓝图,在发展中怀感恩心。

a．长期发展规划（10年以上发展规划）。

b．中期发展规划（3~10年发展规划）。

c．短期发展规划（近1~2年发展计划）。

B．聚焦三大文化主体，在文化中塑感恩情。

a．领导文化。

b．教师文化。

c．学生文化。

C．建构学校管理机制，在管理中行感恩为。

a．学校管理理念（以人为本的管理）。

b．教师全程参与管理（教师主人翁地位）。

c．学生自主管理。

（3）以"环境打造"营造感恩氛围。

A．建立有利于感恩教育的社会环境，创建立体感恩空间。

a．社区。

b．家庭。

c．社会教育机构（包括关工委、妇联、残联等）。

B．打造有利于感恩教育的校园环境，布局平面感恩元素。

a．校园布局。

b．校园文化。

c．班级文化。

C．营造有利于感恩教育的人际环境，渗透点线感恩分子。

a．学生与家庭成员。

b．学生与学校领导、教师。

c．学生与学生。

（4）以"课程实施"渗透感恩教育。

A．开发感恩资源，在课程中凸显感恩。

a．挖掘国家课程感恩元素。

b．挖掘地方课程感恩元素。

c．开发校本感恩课程。

B．实施感恩课程，在课堂中渗透感恩。

a．国家课程的实施。

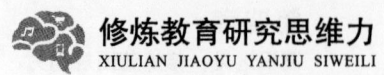
b．地方课程的实施。

c．校本课程的实施。

C．开展感恩教研，在研究中提升感恩。

a．教研形式主题化。

b．教研活动系列化。

c．教研成果理性化。

（5）以"活动开展"体验感恩心灵。

A．建立"三位一体"的活动机制，让感恩教育有章可循。

a．社区与社会。

b．家庭。

c．学校。

B．建构涵盖全面的内容体系，让感恩教育有事可做。

a．感恩自我。

b．感恩同伴与师长。

c．感恩社会与自然。

C．开展丰富多彩的活动形式，让感恩教育有门可入。

a．社区活动。

b．学校活动。

c．班级活动。

▶ 本阶段取得的成果

（1）认识成果。

a．探索校园感恩文化培育的基本路径。

b．归纳校园感恩文化培育的一般规律。

c．概括校园感恩文化培育的基本策略。

（2）具体效果。

A．增强校园文化底蕴。

a．校园绿意盎然。

b．校园文化气氛浓厚。

B．增强学生的感恩意识。

a．懂得了关爱父母长辈。【案例】

b．明白了师恩的伟大。【案例】

c. 懂得了关爱同学。【案例】

d. 树立了立志报效祖国的志愿。【案例】

e. 增强了感恩社会的认识。【案例】

C. 促进教师的成长。

a. 增强了老师对"感恩教育"的认识。【案例】

b. 促进教师的专业成长。【教师教学质量提高，教师获奖情况】

D. 产生良好的社会效果。

a. 家长的评价。

b. 社会各界的评价。

案例11中，该课题缘起学校是浙江人民援建的一所新学校，是时任浙江省委书记的习近平亲自奠基的学校，为培育全校师生的感恩之心，学校以感恩文化作为学校的主流文化进行培育。从学校发展说，本身就需要战略思维——从全局、长远的角度谋划学校的发展。

▶把握全局

战略思维应当站在战略全局的高度，综合协调事物、现象、过程及其内涵的本质与规律的各方面的关系，从而作出战略上的思考和谋划。案例11中，课题规划就是站在学校发展的高度，站在学校文化发展的高度做出战略的思考和谋划，从文化传承、顶层设计、环境打造、课程实施和活动开展五个方面培育校园感恩文化，综合协调了各方面的关系，体现了全局性。

▶抓住重点

战略思维应当在把握全局的基础上和过程中抓住全局中的关键，作为战略思考和谋划的重点。案例11中，课题规划的重点是什么？学校文化发展，根据学校的发展史，把感恩文化确立为学校的核心文化。在规划方案中突出问题提出、改革措施和预期成效三个核心部分，这是检验一个课题成果的最主要部分，也是核心部分。

▶增强预见

战略思维应当在把握事物、现象、过程及其本质与规律的基础上，驾驭发展趋势，增强战略预见。案例11中，课题规划从改革措施、研究内容、预期成效三方面作了预设，增强了规划的预见性。

第四节　规划的基本策略

课题规划的基本任务就是根据课题的研究方向、研究原则，结合现有的科研条件，应用课题规划的典型思维，设计出课题今后研究的"施工图"。这里，介绍课题规划两种基本策略。

一、顶层设计策略

（一）顶层设计的含义

"顶层设计"最初为从工程学中引进的概念，含义为：从最高端向最低端、从一般到特殊展开系统推进的设计方法。顶层设计方法实质上是将系统理念贯穿于该系统内的各子系统之中，每个子系统同样需要经过提炼的理念并向下一级系统延伸，直到阐明系统的基本要素为止。具体到学校教育科研工作，就是在研究前对研究工作作规划，不仅从全局上思考为什么研究、研究什么和怎么进行研究等基本问题，由此对研究作一个总体规划，而且把总体规划具体化，细化到每个阶段、每个环节，甚至每项内容、每个活动，直指该研究项目的各个基本要素。

（二）顶层设计的特征

从顶层设计的含义可知其具有的特征：一是顶层决定性。"顶层设计"的核心在顶层，高端决定低端，顶层决定底层。顶层定位的关键在于：核心价值观和顶层目标。核心价值观与顶层目标是"顶层设计"之魂。二是整体关联性。"顶层设计"十分看重大系统与子系统、子系统与子系统之间围绕核心价值观和顶层目标所形成的关联、匹配与有机衔接。三是体用一体性。核心价值观与路径、方法以及工程作业相一致，顶层目标与子系统功能相一致，设计愿望与实际可行性相一致。

（三）顶层设计对中小学教育科研的价值

（1）使研究思路清晰化。顶层设计是课题研究实施前的首要任务，顶层设计的过程实际上就是理清研究思路的过程，首先通过对研究过程的总体规划，弄清整体与局部、大系统与子系统、子系统与子系统等的关系，然后运用"剥笋子"原理，层层剥离，直指研究的"内核"，细化到研究的最基本元素，使课题研究的目标和内容清晰化。只有思路理清了，才会减少和防止研究过程中的随意性、盲目性，少走弯路，才能保证课题研究规范、有序、有效地开展。

（2）使研究任务具体化。顶层设计既是课题研究的规划图，也是课题研究实施的路线图。就课题而言，研究会牵涉很多因素，对解决什么问题，期望获得什么结果，解决问题的方法，解决问题的步骤（分几个阶段进行研究，每个阶段做什么、谁去做、怎么做、什么时候做、要达到什么效果、如何考评等），自己要向别人提供什么样的经验和成果等都要思考清楚，想明白。要使研究具有可操作性，就必须通过顶层设计，将上述各项因素具体化，以明确课题研究的操作要点，这样，才能使研究不至于空泛，研究也才能真正得到落实。

（3）使研究过程文本化。就课题研究而言，再好的创意，再完美的思路，如果只存于大脑中，而没有将其文本化，既不利于自己操作实施，也不利于交流沟通。顶层设计是一项创造性的工作，要求以方案形式将其显性化，以此作为研究者的行动指南，同时也可以此作为学校和教师之间交流的依据，实现智慧共享，而更重要的是可以征求专家、同行及各方面人士的建议，使研究设计及其研究实践更趋完善。

（四）顶层设计在中小学教育科研的实施

1. 聚焦研究问题：找准研究切入点

研究问题是学校教育科研顶层设计的立足点。顶层设计的问题一定是聚焦的，聚焦的问题一般要经过对"事实""应该""可能""可行"的理性思考。事实——学校发展或教育教学实际中的现象如何，事实状态是怎样的；应该——从应然状态的角度分析学校实际，也正是从这一角度会发现学校所存在的这样或那样的问题；可能——改进学校实际有哪些可供选择的路径，学校发展或具体教育教学问题按轻重缓急可做出怎样的分类，在不同的时序会有哪些不同的形态；可行——从学校实际资源来分析，哪些问题可以成为研究课题，研究已具备了哪些基础，还需要寻找哪些方面的支持，这些支持能否真正获得，等等。这样的分析，常常导致的是课题的产生与研究的开始。与此同时，在这个过程中认真分析、找准研究的切入点，我们总的原则是：以实践为导向，选择可行、有研究价值的切入点加以突破。这需要在选择研究的问题时，要思考"为什么研究"的问题，要明确为学校发展而研究，为教师发展而研究，为学生发展而研究。只有考虑到学校的发展基础和学生、教师、学校现实的发展需求以及发展中现存的阻碍等，研究只有立意才会高，研究的价值才会凸显，研究的动力和信心才会更强烈。

2. 定义研究目标：设定可行的"梦想蓝图"

研究目标是学校教育科研顶层设计的灵魂。顶层设计的目标也就是课题最后要达到的具体目的，要解决哪些具体问题。只有目标明确而具体，才能知道工作的具体方向是什么，才知道研究的重点是什么，思路就不会被各种因素所干扰。史蒂芬·柯维博士在《高效能人士7个习惯》中提出了一个有趣的观点：任何创造实际是经过两个层次：第一个层次是"心智的创造"，第二个层次才是"实际的创造"。其中心智的创造尤为重要，因为它是创新的源头和起始，难度更大，更为难能可贵。就课题研究而言，研究目标的设计就是一种典型的"心智的创造"，而研究的具体实施就是"实际的创造"，二者缺一不可，前者尤为重要。那么，在顶层设计中如何设定研究目标，即在"心智的创造"层面规划"梦想蓝图"呢？我们可围绕研究问题从过程论和系统论两个层面进行分解。首先，从过程论的角度分析，可以把课题研究目标分成"任务目标、状态目标和成果目标"三个层次。三个层次的目标是相互联系的统一体，前一层次的目标是后一层次目标的手段。按层次设计课题目标，简明实用，具有导向作用。其次，从系统论的角度来看，一些综合性较强的课题，往往存在着目标系列，应当给予明确，按它们之间的关联影响以及隶属关系形成一个多层次的目标系统，便于课题研究的开展，也有利于课题成果形成一个较为完整的有机体系。

3. 厘定研究边界：框定明确的研究范畴

研究内容是学校教育科研顶层设计的基础。一个课题，到底要研究哪些内容，这是研究伊始首先要考虑的，用专业术语来说，即厘定研究边界。通俗地说，就是从众多的研究内容中，给研究画个圈，看看哪些内容要研究，哪些内容不要研究。也就是说，我们在定义研究目标后，要根据规划的"梦想蓝图"来确定我们这个课题具体要研究的内容，相对研究目标来说，研究内容要更具体、明确，并且一个目标可能要通过几方面的研究内容来实现，他们不一定是一一对应的关系。同时，我们在确定研究内容的时候，往往考虑的不是很具体，写出来的研究内容特别笼统、模糊，把研究的目的、意义当作研究内容，这对我们整个课题研究十分不利。因此，我们要学会把课题进行分解，一点一点地去做。

4. 细化研究过程：设计研究的技术路线

研究过程是学校教育科研顶层设计关注的重点。课题研究中，实践者大多关注进度安排，研究分工，而研究技术路线的设计却往往被忽略，而这恰恰是最重要的。技术路线能引领研究的步骤和走向，能较好地规避随意性的研究，即想到哪里研究到哪里的现象。什么是技术路线？简单地说，就是研究从这里到那里的路径。技术路线要对达到研究目标准备采取的技术手段、具体步骤及解决关键性问题的方法等进行设计。在思考技术路线时，要回答三个问题：我们计划到哪里去——目标；我们现在在哪里——目前状况；我们如何达到那里——途径。技术路线一般常用图形、表格等形式描述行动的步骤或相关环节之间的逻辑关系。因其是一种结构化的规划方法，所以具有清晰、高度概括和前瞻性的特点。

二、任务驱动策略

（一）任务与任务分析

1. 任务

（1）任务的定义。任务是指为达到研究目标而进行的一系列相关的研究活动或要素。任务有时也是研究活动中一组具有特定目标的行为组合。

（2）任务的特点。任务具有四个特点：一是具备执行任务所需的条件；二是有特定的目标；三是有明确的起始和终端；四是发生在一定的时间内。

（3）任务的分类。任务按照顺序可分为非连续性任务和连续性任务。非连续性任务又称为程序性任务，即按照某个程序的规定去完成一系列彼此独立的子任务，操作顺序可以颠倒。连续性任务是指要求按照任务本身的运行方式连续操作各子任务，子任务的顺序不能颠倒。

2. 任务分析

（1）任务分析的定义。任务分析是指通过目标分解、调查、观察等工作分析的基本方法，对构成研究目标的各项任务逐一归纳与整理，使之清晰化、系统化与模块化的过程。

（2）任务分析的角度。按照研究的问题、研究的目标、研究的对象、研究的方法、预期效果等不同角度，任务分析可分为研究问题分析、研究目标分析、研究对象分析、研究方法分析、预期效果分析。问题分析的研究对象是"研究的缘由"，侧重于对研究动机的分析，回答的是"为什么"；目标分析的研究对象是"目标任务"，侧重于对目标内容结构的分析，回答的是"做什么"；对象分析的研究对象是"研究谁"和"完成任务的工作者行为"，侧重于对被研究者的思考和主研人员的工作要求的揭示，回答的是"为谁"和"谁来做"；方法分析的研究对象是"工作者与工作任务匹配后的运作方式"，侧重于对工作方法的揭示，回答的是"怎么做"；预期效果分析的研究对象是"可能取得的理论成果与实际效果"，回答的是"怎么样"。

（3）任务分析的基本方法。任务分析的基本方法如图4-3：

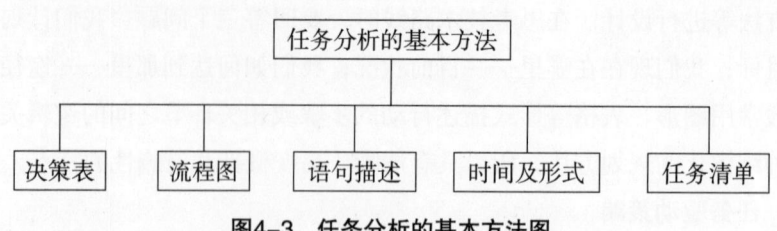

图4-3　任务分析的基本方法图

任务分析的基本方法各环节的表现形式与表现特点如表4-2：

表4-2　任务分析的基本方法各环节表现形式与特点表

	决策表	流程图	语句描述	时间列形式	任务清单
表现形式	表格	工作活动流程图	语言	工作时间长短和顺序	列出所有任务
表现特点	抓住任务的条件、形式分析，对工作活动的条件与行动加以区分，用表格形式建立条件与行动的对应关系	用工作流程图揭示工作任务的操作要素与流向	通过语言形式来揭示工作任务中的要素、关系及运作要求	依照工作时间长短和顺序来揭示整个工作过程中各任务的轻重与关系的形式	列出所有任务，标明前后顺序、重要程度或困难程度

（二）任务驱动

1. 任务清单

（1）任务清单是指把研究活动中所有的任务逐一列出，让参与研究的人员选择并标明前后顺序、重要程度或困难程度等。

（2）任务清单建立流程。具体如下：

a. 收集信息，了解研究项目的具体任务和工作任务构成以及时间分配；

b. 建立初步的工作任务清单；

c. 组织课题组成员进行逐项讨论，进一步明确研究任务；

d. 根据课题研究的总体要求，确定是否补充尚未开展的工作任务；

e. 整理清单结构：各研究人员对清单进行整理，按逻辑关系和工作任务的同类性归类，其结构为：各项研究任务的主体功能；反映部门主体功能的职责；把任务清单归并在相应的职责内；

f. 对工作任务清单进行集体讨论，解决工作任务交叉、遗漏和界定不清的问题，同时确认相关工作或任务的衔接点，确认和区分各自职责。

（3）任务清单样表。如表4-3：

表4-3　任务清单样表

序 号	任 务	序 号	任 务
01	明确研究的目的	13	研究目标的细化
02	确定问题收集的类别和范围	14	研究内容分解
03	建立问题分析的组织系统	15	编写研究任务表
04	制定问题分析的目标	16	规划研究时间
05	选择信息源	17	明确研究人员与研究内容
06	选择信息收集的方法和系统	18	研究人员培训规划
07	利用所选方法和系统收集信息	19	预期研究成效
08	整理所收集的信息	20	研究经费预算
09	确立研究对象与研究范围	21	原始研究资料的收集与整理
10	研究课题名称分析	22	成果的提炼
11	文献综述目标	23	成果的完善与形成
12	研究目标建立	24	成果的推广与修正

2. 任务清单建立模式

（1）任务清单建立的阶段。任务清单的建立过程为五个阶段：调研、建模、需求定义、框架定义和优化。如图4-4：

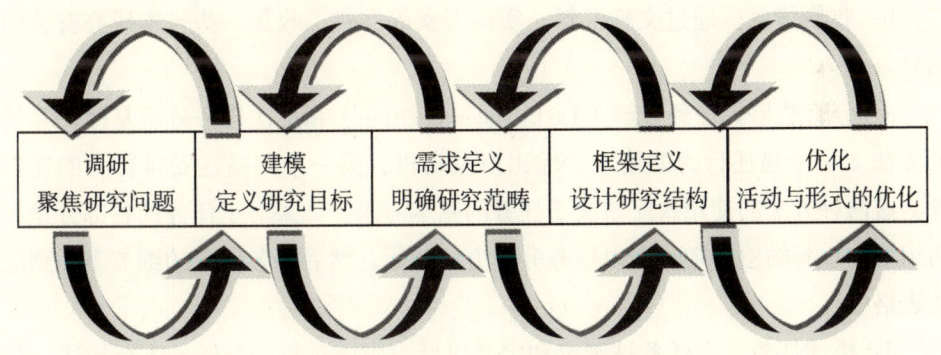

调研 聚焦研究问题	建模 定义研究目标	需求定义 明确研究范畴	框架定义 设计研究结构	优化 活动与形式的优化

图4-4　任务清单建立模式图

第一阶段：调研。对教育教学现状或需求的调查研究是课题研究的第一步，也是任务清单建立的第一步，调研的目的在于聚焦研究问题，寻求研究的"真问题"，为任务清单的建立奠定基础。

第二阶段：建模。在这个阶段，主研人员中的设计者应该采用多种方法和工具对研究对象和研究问题进行综合分析，挖掘不同类型的目标，并且将研究目标

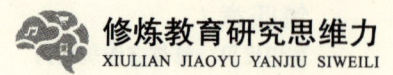

映射到不同的研究范畴，以确保没有空白或重复。

第三阶段：需求定义。需求定义主要是针对研究人员设定的研究目标需求进行定义，进一步明确研究任务，把任务分解、细化，明确研究的范畴。

第四阶段：框架定义。对前面已经分析过的不同问题给出通用解决方案。交互设计模式是按照层次，并且随着对问题的不断更新认识而不断发展。在设计研究结构的基础上，按照交互原则，就可以把设计任务转化为设计元素，然后再按照模式和原理，将它们组织为设计草图了。

第五阶段：优化。优化阶段主要是对任务进行梳理和细化，关注任务的一致性，查找遗漏，预设实现研究目标的活动与形式。

（2）研究过程的任务分析。研究过程的任务分析主要用到层次任务分析方法（Hierarchical Task Analysis）。层次任务分析是应用最为广泛的任务分析技术，它主要是把任务分解成为若干子任务，再把子任务进一步分解成为更加细致的子任务，然后，把它们组织成为一个执行序列，说明在实际情况下的研究行为。一般包括六个步骤：

a. 准备阶段。明确具体的研究目标，并做好日程安排。学习一些领域知识，筹划好调查与访谈计划。

b. 收集信息。通过文献资料、实地考察等方式，收集一些与本研究有关的信息。

c. 分析结果。任务分解（Task Decomposition）和层次任务分析是两种互补的方法。一个描述行为的输入、输出以及动机，另一个则描述安排行为的连贯性。这两种方法的使用次序取决于任务的基本需求，如果对于任务的各部分是如何组织在一起的感兴趣，则以任务分解方法开始，然后将各任务的细节整理到层次表格中。

d. 描述任务。在任务被确定和定义以后，应该对每一个任务进行描述。任务描述工作通常是和任务确定工作在一起进行的，因为只有对任务进行准确描述，才可能正确地确定任务，避免出现任务交叉或者遗漏现象。

e. 建立研究模型。研究模型就是研究人员完成一系列任务的流程，在研究模型中，研究的某项作业行为或某个研究过程就是一个研究模型，研究模型一般由完成不同功能的若干任务组成。在图4-5中，研究模型A包含了实现目标1的5个任务，研究模型C包括了实现目标1的2个任务，实现目标2的两个任务以及完成目标3的任务。

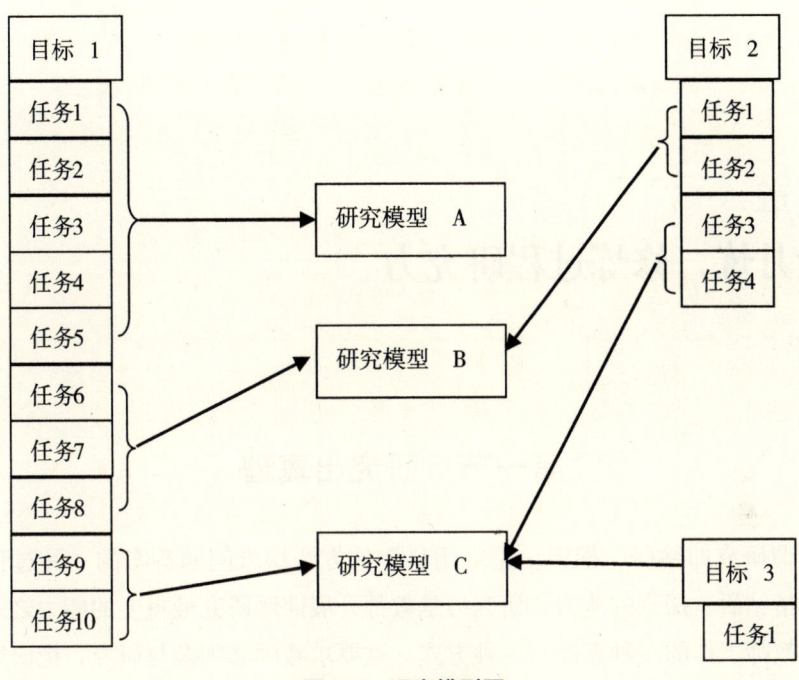

图4-5　研究模型图

f. 任务细化。在建立了研究模型以后，还需要进一步对任务进行更加详细的分析。分析的内容主要包括任务需要的条件、任务间的关系与顺序、任务时间等。

第五章
日锻月炼，修炼过程研究力

第一节　研究出真理

所谓研究即钻研、探索，是应用科学的方法探求问题答案的一种过程。研究力是指钻研、探索的能力。研究力是教师开展课题研究最重要的能力之一。研究本是教师工作的一种态度、一种方式。这要求教师必须参与研究，把研究渗透到日常工作中，在行动中研究，在学习中研究，在研究中学习。要基于自己的实践、基于自己的教学、基于自己的经验来进行研究性学习，"在教学中研究，对教学进行研究，为了教学的研究"；要通过案例研究、课堂观察、叙事研究、反思实践、行动研究等符合教师职业特点和教育教学实际需要的形式，边研究问题，边学习理论，从中获得特定情境下的教育经验，重建知识体系，拓宽学术视野。

一、现场扫描

实施课题研究，是将课题研究方案付诸实施，变纸上的文字为实际行动，最终成为现实的过程。然而，由于很多中小学教师缺乏对课题研究的科学认识，为研究而研究，使课题研究低效化、形式化、低俗化。

【现象一】两头热，中间冷

【案例1】在项目实施过程中存在"两头热，中间冷"的问题，部分教师将"热情和精力都放在课题的立项、开题和结题上，而不是研究过程。课题一旦获得立项，便在开题、结题方面大做文章，包装过度，大话空话不少，但对课题的实施研究过程却并不看重，更有甚者，对研究的过程凭空想象，造假数据，东摘西抄，胡乱拼凑，把课题越吹越大，但却经不起实践的检验"。

【问题诊断】"功利主义"倾向是产生"泡沫学术"成果的温床，而"泡沫学术"成果的飞扬跋扈又直接刺激和助长了"功利主义"倾向盛行的势头。

【问题一】真课题，假研究

【现象二】随意研究

【案例2】有的课题研究过程随意，想到哪里就做到那里。

【问题诊断】由于许多教师不了解研究的基本程序和基本要求，致使研究工作缺乏一定的计划性、规范性、科学性，尽管学校投入了大量的人力、财力、物力，但效果和质量无从保证。这样的教育科研必然是浮躁、浅显的。

【问题二】研究过程不规范

【现象三】浅显研究

【案例3】中小学教师一般缺乏系统的教育科研方法的专业训练，在具体的研究过程中，有的只停留在对已有经验的总结上，或者是简单地将教育科研等同于教学工作本身，或是以简单的量化研究取代了思辨性的思维，甚至忽视对作为研究对象的学生正当权益的保护。

【问题诊断】这些研究方法上的片面性，很容易使教育科研走上一条狭窄的道路，停留于低水平、低层次的重复。

【问题三】研究方法的片面性

课题实施研究就是要遵循一定的科学研究程序，借助科学的研究方法，进行有针对性的探索，最终解决问题，取得预期成效。因此，课题实施研究是教育科研工作最重要的环节，它是研究设想变为现实的关键，也是决定课题能否取得成效的关键。

二、研究出真理

理性的目标就是去追求真理，理性的精神是发现真理所必需的精神。而真理需要理性的研究。有位哲人说过，理智是人生的向导和光辉，能够穿透被世俗尘雾蒙蔽的心灵，引领我们找到真相、真知、哲思与真理，然而，理智只青睐于内心强大的人。是的，倘若在一个心浮气躁的状态下，必然是无法冷静思考的，失去冷静的心，也就失去了理性的头脑了，此时心便处于一种混沌的状态，更不用说内心有多强大了。所以，要沐浴在理性的光芒下，就要心平气和，冷静思辨，沉着稳重，纵使世间万事万物瞬息万变，我自岿然不动，稳如泰山之石。这"理智"更多地出自研究。所以，在研究中追求真理，犹如"山重水复疑无路，柳暗花明又一村"。殊不知是进入一个令人豁然开朗的"桃花源"。研究追求真理的

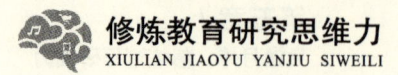
脚步永不停止，用研究指引人生，才能与真理随行，创造出一个更美好的世界。

第二节　研究的基本程序

课题研究的实施过程是整个研究的主体部分，是落实研究目标的中心环节。关注研究过程，提高研究质量，是搞好课题研究工作的关键。

一、课题实施研究的基本思想

（一）发展定位：从实处求新意

实践工作者的研究所追求的是与教育理论工作者不同的目标，大家是在各自不同的层面上创新。前者研究的创新主要体现在创造性地解决教育教学中的实际问题上，这是非常有价值的实践创新。中小学教师的研究往往较多是受到理论启迪，借鉴他人经验，推广运用已有成果而展开的，由于与原成果相比实际情境和诸多条件发生了变化，只要获得确切的实际效果，其中一定包含了实践研究者的某些创新。在实践探索过程中，教师也主动构建个人的专业内涵，发展他们的个人理论。

（二）目标定位：实际·实践·实效

实际，是指问题的提出与解决是真实的、客观的存在。从实际出发，是问题得以切实解决的根本出发点。它包括两层意思：一是选题是学校或学校所在的区域内客观存在的，制约学校进一步发展的矛盾，而非单纯的思辨性问题或对改造本校教育实践作用不大的问题；二是解决问题的策略，以尊重本校、本地的教师、学生的现实情况为基础，具有实在的操作性。

实践，是指解决问题、改造现状依靠有意识的、有计划的具体活动得以实现一切成效的产生都是源于实践并回归于实践的。学校教育科研必须以实践为基础，通过实践对解决问题的假设、构想进行验证，并通过实践解决现实中存在的问题。

实效，是指研究所引发的变化能够通过一定的载体表现出来，可以感知，可以测量。它包括成果与效果两个方面。从成果来看，就是要形成新的解决问题的认识、技术。从效果来看，就是要使问题得以顺利、高效地解决，并促进研究主体与客体的共同发展。产生符合预期的实效是学校教育科研的价值的最终体现，也是决定学校教育科研现实生命力的关键因素。

概括地说，"实际·实践·实效"就是着眼于学校的育人目标，立足于中小学教师的本职工作和实际特点，深入地思考学校教育存在的问题与弊端、改革和发展的方向与思路，使教育科研活动从实际出发，解决实际问题；从实践出发，规范研究行为，坚持实践创新，凸显特色，以探求教育规律，变革教育实践，提升研究者的素质，提高教育质量。

（三）研究范式："问题—对策"研究

"问题—对策"研究是我们倡导和坚持的最基本的研究范式。

该模式以"问题即课题，课题即问题"这一基本命题为指导，强调从本校、本单位所存在的实际问题出发，将问题课题化，以课题为载体，组织开展学校教育科研活动。从实践来看，该范式将学校教育科研分为既相对独立又紧密联系的两个基本阶段，即问题的认识阶段和问题的改造阶段。前者重在解决"问题是什么"，后者重在解决"对问题怎么办"。

问题认识阶段的主要任务就是认识问题究竟是什么，现状如何，确定研究的基本价值取向，提出解决问题的基本框架，实现问题向课题的转化。其关键是厘清核心概念，增强研究的针对性。中小学教育科研活动其实就是对研究的问题的核心概念不断加深认识，并在其指导下不断深化实践的过程。

认识问题就是要着眼于问题解决，从问题所存在、表现的现象入手，通过分析、比较、综合、抽象等思维活动，逐步提炼、把握问题的内核，明晰问题的工作概念，揭示其包含的内涵与外延，进而，设计、编制相应的调查问卷、调查提纲，以其涉及的相应的调查研究对象实施团体测试，并对调查研究的数据进行统计分析，明确研究课题中存在的需要解决的问题究竟是什么，其制约因素有哪些。这一阶段的主要成果就是对核心概念的初步揭示、形成相应的工作概念、开发出调查工具和形成调查报告，拟定解决问题的初步方案。

问题改造阶段的主要任务就是提出并在实践中验证解决"问题"的对策，实现对教育实践的改造、优化。具体地说，就是在对"问题"形成基本的事实认识的基础上，对实验对象施加有目的、有计划的教育干预和影响，以达成预期的研究目标。从研究的角度来看，这一阶段一方面要加强和丰富对课题的认识，形成系统化的认识成果；另一方面，必须扎实对基本对策的应用与实践，深化对问题的改造，优化解决问题的对策，形成真正可操作、可借鉴的解决问题的实践体系，使中小学教育科研成为真实践、真研究。对策的设计与应用是问题改造阶段的核心任务，其标志就是以教育内容、干预措施为核心的实践操作体系的形成。

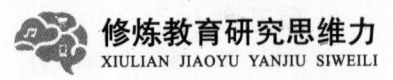

因此，开发出相应的教育内容和干预措施，构建有效的解决问题的策略体系是这一阶段的重点和关键。

（四）方法定位：研究与学习、工作相融合

根据群众性教育科研的价值追求，中小学教师开展教育科研的基本途径是"走向研究、学习、工作的融合"。教师的教育研究从某种意义上说它就是教育教学实践行动的一种形式，而不是游离于教育教学实践行动之外的活动；教师的教育研究又是实现个人专业进步、提高认识水平和行动能力的活动，本质上是一种学习，是任务驱动下的问题解决学习。

二、课题实施研究的基本原则

（一）以校为本

从学校实际出发是中小学教育科研之本。无论是从课题指南中选课题，或者是参加别人的课题，还是自创的课题，核心在于总结本校的教育教学经验，解决本校教育教学中的问题，宗旨是扬长补短，提高质量。

（二）理论联系实际

中小学课题研究的基本任务是研究本校的教育教学实践，并且不断改善教育教学实践，所以学校教科研在本质上是对教育教学实践的研究，教育教学工作经验是课题研究的重要源泉。广大教师要在教育理论指导下研究教育教学实践，实现理论与实践的结合，进而不断开拓新的实践，然后将教育教学实践经验上升到理论高度，创生新的教育教学理论，繁荣教育科学。

（三）着重研究现实问题，为提高质量服务

问题是课题研究的起点。中小学教育教学实践中的实际问（难）题是学校教育科研工作的出发点，中小学教科研工作的生命力就在于解决问题，解决问题是最好的教科研成果，同时能够改进工作、提高质量、探索教育教学规律。问题无处不在，关键在于发现和科学提炼。

（四）定性和定量研究相结合

定性研究是确定教育教学改革实践活动性质的研究，定量研究是关于教育教学改革实践活动的数量分析，定性研究是定量研究的前提，定量研究是定性研究的精确化、科学化。我们进行一项课题研究，必须把定性研究与定量研究结合起来，努力实现定性研究与定量研究的统一。

（五）继承、借鉴与创新相结合

任何一项课题研究都不是凭空而来的，应该是在前人经验基础上，广泛借鉴相关的研究成果，结合学校和个人的教育教学实际，坚定地走创新研究之路。

三、课题实施研究的操作要点

（一）增强研究意识

首先，中小学教师必须掌握教育科研的基本方法，从研究的角度进行教育教学的常规工作，善于将研究过程中遇到的问题上升为课题，将了解学生转变为研究学生，将撰写工作汇报转变为撰写研究论文。

其次，中小学教师要根据研究目标确定研究内容，选择研究方法和策略。通过实施研究计划，实现研究目标。

再次，在研究过程中，中小学教师要对问题进行研讨，及时解决难题，要将研究过程中的阶段成果进行推广，要对中小学教师进行各种形式的培训、研修，不断提高中小学教师的理论水平和研究能力。

（二）不断进行反思

反思是一种重要的研究方式。"经验加反思""实践加反思"是培养教师专业能力、提高教师研究水平的重要模式。反思强调"回头看""分析与思考""关注问题的解决"。"回头看"主要指反思的内容和对象，是对研究与教学实践效果的反馈。"分析与思考"是指去粗取精、去伪存真的深加工过程，这是反思的核心。反思的水平如何、效果怎样，主要看这一步。有了这两步就可以构成一个完整意义上的反思。

（三）重视课例研究

课例研究是以学科为载体的专业引导下的行动研究方式。它围绕一节课展开，重点解决这节课中存在的教学问题，把研究融入备课、上课、议课的全过程。从实质上讲，课例研究不是完全着眼于改进一节课，而是一种以解决课堂教学问题、提高教师教学水平为指向的研究。从文体上说，课例研究既不是教学设计，也不是课堂实录，它是课例描述和问题研究的统一体。课例研究有利于教师的专业发展，致力于提高课堂教学质量。

课例研究是课题研究与教学研究的有机结合。课例研究与教学研究的主要区别在于课例研究主题明确，着眼于问题研究，强调理论指导下的实践反思，强调行为跟进。课例研究的基本环节包括问题、设计、实践、反思、总结。问题即课例研究的问题产生于教师的教学活动，问题通常就是课例研究的主题。设计即备课、撰写教学预案。实践即进行课堂教学，教师听课、观测、记录。反思即对教学过程进行反思。对一个问题的研究解决，通常需要多次设计、实践、反思。

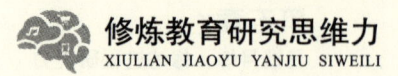

中小学教师参加课题研究的特点是"面向实际，重在应用"。课题研究的主阵地在课堂，要在课堂教学中发现真问题，投入真研究，取得真效果，就需要把问题上升为课题，运用课例研究的方式进行研究。

（四）注意材料积累

课题研究的材料积累主要指研究过程中材料的收集、整理和分析。它不仅是撰写研究方案和报告的重要依据，而且是提升研究质量、形成成果的前提和保障。在课题研究过程中，主要有这样一些材料需要不断整理和积累：课题计划、与课题有关的学习资料和背景资料、课题研究过程中撰写的教育教学论文和教学设计、案例、课程研究过程中取得的成效、考试与评价资料、学生作品、课题研究大事记、上级下发的有关资料、文件等。

课题研究材料的积累是课题研究的重要组成部分，对于提高中小学教师的教科研水平、保证课题完成、进行成果推广具有重要的作用。

（五）实施过程评价

过程评价是课题研究的重要环节，是促进课题研究不断深入和健康发展的常规工作，是撰写结题报告和进行课题评价的重要基础，过程评价直接影响着教科研成果的评定、交流、推广和应用。进行过程性评价时要考虑以下几个方面：对选题的价值取向及现实意义进行判断；分析课题设计的操作性和可行性；关注研究过程中真实素材和数据的收集；对研究过程进行实践性分析；对研究活动进行阶段总结、反思和自我评价；对研究活动的组织与管理效率进行分析等等。

四、课题实施研究的基本内容

（一）搜集资料

1. 认真搜集资料

怎样搜集资料？一是围绕研究主题的指导思想，根据课题研究需要进行资料收集；二是设计科学、明确的搜集资料的工具；三是采用适当的科学方法广泛搜集资料；四是按计划进行收集和采集基础材料和原始数据；五是注重资料、数据的客观性。

2. 制订调查计划

通过调查手段搜集资料，必须搞好调查计划设计。设计调查计划内容包括明确调查题目、阐明调查目的、选定调查单位、规定调查规模、研究调查对象、说明调查方法、编写调查提纲、拟定调查顺序和时间安排等等，调查采集数据要制成表格。调查设计分为纵向设计和横向设计两种。

3. 设计调查问卷

问卷是一种书面的个别调查。注意事项：问题内容切忌与主题无关，或模棱两可，或难理解，或有诱导性；文字表述要通俗、简练、具体；问题顺序、时间顺序由近及远，内容顺序由浅入深、由易到难，类别顺序由静态到动态；问卷长度要适当。问卷可分为开放式和封闭式两种。

问卷格式有：问答式、划记式、排列式、评判式、是否式和数量式等等。

4. 确定研究样本

"研究样本"是研究总体的一个子集，研究者往往从样本特征推断出它所属的总体的特征。

选择研究样本要根据研究目的和实际可能选择样本，抽样设计应是可行的并能充分包容所要研究的问题。选择样本应注意：一是样本要有代表性；二是样本要有可操作性；三是选择样本的方法要科学。一个优秀的抽样设计应满足目标定向、可测性、可行性和经济性等四个方面的标准。样本可分为"随机样本"和"非随机样本"。

（二）定期举办课题研讨活动

围绕课题，每次研讨活动确定一个主题。确定时间地点、参加人员，并及时记录活动过程、收获及结论。

（三）做好资料的积累

往往出现一个课题到结题了，才发现无资料或资料不充分的问题，原因是在制订研究计划时对资料的积累没有明确的目标。首先，制订的研究计划应该包括希望取得的成果及需要收集的资料。其次，研究过程中要持续地、及时地对采取的行动进行反思，并且不断调整自己的行动计划，对反思和新的行动计划应做简要记录。再次，对研究过程中出现的新问题和突发事件也要及时记录，如其他教师对研究的建议或影响、其他学生的影响等。最后，要对积累的资料进行筛选、分析和评价，最终确定哪些资料与所研究的问题相关，选择研究者认为最有价值、最典型和有效的资料作为论据，并作为最终研究报告的组成部分。

（四）整理资料

整理资料是指把收集到的文献资料和采集到的数据资料进行一定的加工整理，使获得的资料整齐、有序，便于下一步的研究工作顺利进行。整理资料一般分为以下几步：

（1）核对资料。

（2）选择论据。

（3）汇总统计。

（4）综合加工。

（五）分析资料

对教育科研结果进行分析处理，既要从质的角度进行定性分析，也要从量的角度进行定量分析。

（1）定性分析。定性分析就是对研究对象进行"质"的方面的分析。

（2）定量分析。定量分析就是对研究对象进行"量"的方面的分析。主要有统计分析方法和测量方法。

（3）综合分析。一般有：定性分析与定量分析相结合、理论分析与事实分析相结合、纵向比较与横向比较相结合、结果分析与过程分析相结合等。

分析资料常用的处理方法：文献资料，主要用逻辑方法进行分析研究；数据资料，主要用统计方法进行分析研究。

（六）阶段性成果总结

在这一阶段，实验人员要围绕课题进展情况，及时撰写有关论文，最好能在市级以上教育刊物上发表；优秀教学案的保存，对比性差异较大的资料等，教师的获奖证书。

1. 概括规律的方法

一是从事物发展的各个阶段的特点中去找出它的发展道路，找出贯穿在事物发展中的内部联系。二是从各个不同的事物、经验中找出共同的因果关系，研究这些事物和经验是怎样变化发展的。三是从许多不同的现象、事例、典型中找出共同的特点、共同的发展道路，研究特殊事例、现象、典型的差异点，找出其之所以不同的真正原因。

2. 概括规律的途径

一是从事物的变化过程中，从事物变化的联系和影响中，研究事物运动、发展的规律性，研究事物的内部联系和相互关系。二是从每一个事物的全过程中，仔细考察周围环境的变化对事物的影响及作用，以及事物的发展、变化对研究对象产生的影响，从而可以看出事物和外部的关系怎样，联系的程度如何。三是根据事物在各个时期的具体情况，研究它在各个时期的不同规律。四是对事物的某一环节、某一关键过程，研究其中变化的原因和经验，找出该环节、该过程的内在规律。五是对事物的某一侧面、某一问题作深入考察，可以找出与其有关的规律。

3. 概括规律注意事项

一是注意立论、推论和表述的科学性。二是注意论点、论据和论述的逻辑性。三是注意数据和文字表述的有机结合。四是注意典型分析和一般分析的结合。

4. 写好中期研究报告

▶ 中期报告的功能和结构

（1）中期报告的功能。中期报告是科研课题的执行人在科研过程中向科研主管部门汇报课题研究工作进度的情况及阶段性成果的书面材料。

中期报告的主要功能有：

a. 课题执行人总结前一段研究工作的成绩和经验。

b. 向主管部和协作单位通报信息，以便检查研究进度，安排进一步的研究工作。

（2）中期报告的结构。科研进度报告由课题名称，课题概述（课题来源、起止时间、支持的经费等），本阶段研究工作的内容、情况和存在问题，对本阶段研究进度的评价，下阶段研究工作的计划，参加这段工作的人员名单和报告时间等六部分构成。

▶ 中期报告的写作

（1）课题概述一般在第一次中期报告中写，后续的进度报告可以不写。主要写明课题来源、起止时间、支持经费以及课题要求等。

（2）本阶段研究工作的内容、情况和存在问题，写法上应按工作计划上规定本阶段任务条款或按上一次进度安排"下一阶段工作的计划"的内容，逐条检查落实，注意写明完成情况，也同时写明存在问题，分析存问题的原因，如果不具备研究条件而未完成任务应做出说明。这部分写得如何，是衡量进度报告的质量关键所在。

（3）下阶段研究工作计划，这部分写作既要参照课题工作计划写出下一阶段将进行的研究，又要针对上阶段工作的经验和存在的问题，将未完成的任务移至下一阶段去完成。如果研究工作计划有变动，应写明变动原因并做出新的安排。

（4）中期报告的编写方法对单一课题，可采用时序式编写，按任务完成时间的先后写。但重点放在本阶段研究工作的进展和结果上，避免写流水账。对项目比较多的课题，如分有多个子课题，可采用任务分项式编写，一项一项地写。

也可把时序或任务分项式结合起来编写。

（5）内容真实，把握分寸。中期报告写作的重点应放在"研究计划完成情况"和"未能按计划完成的工作"两部分上。写作中应如实反映研究的客观实际，正确估价取得的成果；写成绩不要过分夸大，同时要写明存在困难和问题。

（6）选择恰当的研究方法。选择适当的符合课题研究工作需要的科研方法是课题研究成败的关键。教育科学研究方法有许多种，用哪种研究方法好，应该看哪种方式方法有利于解决实际问题。

第三节　研究的思维策略

课题研究需要按照一定研究规范开展实践与研究活动，在这个过程中更需要研究者灵活的思维。可以说，研究思维的高度决定了课题研究的深度；研究思维的宽度决定了课题研究的品质。

一、移植思维

（一）关于移植思维

由一件事物移植到另一种事物，由一种观点移植到另一种观点，由一种景象移植到另一种景象，这种把某一领域已知的事物移植于另外领域某一事物中进行创新的思维活动叫移植思维。具体地说，移植思维是把某一学科领域中的原理、规律、方法、知识、技术和功能等运用到另一学科领域去研究问题的一种思维方法。形象地说，就是借他山之石攻玉的方法。移植思维是创新性思维的一种重要方法，它是人们一种重要的思维能力。

（二）移植思维的应用

（1）原理移植。这是指把一个学科中的原理和知识移植到另一个学科中去。

（2）方法移植。这是指把一个学科领域中的研究方法、叙述方法应用到另一个学科领域。

（3）技术和功能移植。这是指把一个领域中的技术应用到另一个领域。

【案例4】课题"初中数学课堂自主参与教学研究"成果简介

理论基础：主体教育理论"主体是在活动中生成，并在活动中发展起来"的理念。

研究思路：理论引路—课例研究—教学设计—成果物化。

研究方法：紧紧扣住"五着力"，坚持"四抓四促进"：着力于初中数学教师教学思想的转变，以"初中数学课堂自主参与教学研究"为中心，带动教法、学法、课堂教学评价改革；着力于初中生的自主参与活动设计，使教师的教学改革与学生的学习相适应，在动态发展中不断达到统一；着力于数学课堂教学结构的设计，安排和调整操作系统，使其适应需要；着力于自主参与教学课堂评价探索，注重教师教学行为的改变，学生学习方式、参与状态、学习效果的评价；着力于自主参与教学策略的研究，有利于学生学习方式的改变，有利于帮助教师选择适合于学生主动积极参与教学的途径、方法，促进教师课堂教学设计能力及教学水平的提升。抓理论学习，促进教师观念的更新；抓教学设计，促进理念向行为的转变；抓课例研究，促进教学技能的提升；抓模式构建，促进自主参与的落实。

依据案例4中的研究原理、研究思路与方法，在开展诸如《初中语文课堂自主参与式教学研究》《高中数学课堂自主参与式教学研究》《小学高段数学课堂自主参与式教学研究》等项目时可借鉴、移植其研究原理、方法。

二、简单思维

（一）关于简单思维

简单思维是指以"简单"为核心的思维方式。用简单的方式、方法御繁就简，化繁为简。简单思维认为，教育研究者应用规律化的、原则性的思维去建构教育理论。

（二）简单思维的应用

1. 从简单的角度看问题

伟大的科学家爱因斯坦曾经说："你能不能观察到眼前的现象，不仅仅取决于你的肉眼，还要取决于你用什么样的思维，思维决定你到底能观察到什么。"这就要求我们在看问题时，不仅要把简单的事情视为简单，同样也要把复杂的事情视为简单，前者对于一般人来说是理所当然的，但后者只有高智能的人才能做到。

2. 用简单的方法解决问题

这要求用简单的方法来"做"事。简单的问题用简单的方法来解决是一般人的水平，复杂的问题用简单的方法来解决是智者的水平。

（1）简单化的方法。将复杂事物简单化的方法，如精简、分解、综合、概

括、浓缩、分类、替代等，都可以达到这种效果。

（2）简单操作的方法。处理复杂事务的简易高效方法。提纲挈领，抓住关键。

3. 简单思维智慧

思维方法不同于实践方法，如果说实践方法告诉人们一条道路全程是如何具体行走的，那么思维方法告诉人们的只是第一步该向哪个方向行走，而不涉及具体的操作。因此思维方法看起来都是比较简单的，唯其简单所以才能够包罗万象，唯其简单所以才能够普遍适用。从某种程度来讲，复杂就意味着成熟僵化，就意味着没有成长的空间。简单思维智慧要坚守三条法则。

法则一：大道至简。最高级的规则是最简单的规则，最普遍的规律是最简单的规律。

法则二：逆向反成。正反是对立的，同时也是可以相互转化的；简单和复杂是对立的，同时也是可以相互转化的。

法则三：螺旋法则。由简单到复杂，又由复杂再上升到更高层次的简单，如此螺旋上升，就构成了简单的螺旋模式。这条法则告诉我们，要想达到更高层次的简单，就必须先经历复杂；要想达到更高层次的复杂，就必须先经历简单。

【案例5】课题"网络背景下中学主题式教学研究"简介

解决的问题：一是整合课程资源（包括教材、网络资源及将课堂教学与社会实践活动、研究性学习融为一体的实践资源），提炼主题的问题；二是根据提炼的主题设计教学方案以适用于网络环境下进行教学的问题；三是教师利用网络实施互动教学，学生利用网络主动获取知识的问题。

研究具体措施：

▶ 整合资源，提炼主题

（1）提炼单学科主题。如下：

a. 学科内整合一册教材，提炼若干主题。

b. 学科内整合一个单元内容，提炼几个主题。

c. 学科内整合一节（课）知识内容、提炼主题。

d. 学科内提炼特殊主题。

（2）提炼跨学科主题。一是内涵重叠法；二是外延交叉法。

（3）提炼实践类主题。一是抛锚式；二是追热式。

（4）提炼主题的三个步骤。如下：

第一步准备：一查、二吃、三找、四建。

第二步整合：一录、二分、三定型。

第三步共享。

（5）建立主题式网上学习资源库。

▶ 围绕主题设计教学方案

（1）任务导航法（单学科知识教学最常用）。

（2）示范研讨法（跨学科主题和实践类主题最适用）。

（3）活动碰撞法。

（4）实践探究法。

（5）实验操作法。

▶ 主题式互动教学的实施

一般而言，主题式课堂教学实施步骤如下：

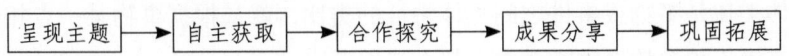

案例5中需要解决的问题比较复杂，研究者在研究过程中，利用简单思维——抓住本课题的研究核心，从主题的提炼、教学方案设计、教学的实施三个方面展开研究，使看上去比较复杂的研究简单化。

三、类比思维

（一）关于类比思维

类比思维是从两个对象之间在某些方面的相似关系中受到启发，从而使问题得到解决的一种创造性思维。哲学家康德就曾说过："每当理智缺乏可靠论证的思路时，类比这个方法往往能指引我们前进。"在恩格斯看来，类比就是用一个研究领域的研究成果来解释说明另一个研究领域的事物或事件的思维形式。由于类比思维具有从一个特殊领域的知识过渡到另一个特殊领域的知识的优越性，所以类比思维在创造性思维中居于重要的地位，起着重要的作用，具有联想、启发、假设、解释和模拟等多种功能，对于创意主体的灵感和直觉思维的产生都有不可忽视的作用。

（二）类比思维的特点

类比思维具有激活想象力、启示性和提高猜想可靠度等特点。

（1）激活想象力。类比推理通过联想能充分激发创意主体的想象能力，并

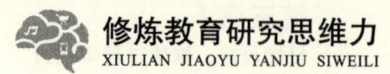

使之有明确方向。适当的类比能使创意主体产生合理的联想，激发创意主体的想象力去打破传统思想的束缚。

（2）启示性。类比推理具有重大的启示功能，它能为创意的探索提供较为具体的线索，尤其是当创意对象的有关材料还不足以进行系统归纳和演绎的时候，类比就起了"开路先锋"的作用。在创意过程中，往往一个问题的机制弄清楚了，就可以为类似的一大批问题的解决提供合理的启示。

（3）提高猜想可靠度。类比推理在形成和提出假说时常常起着重要的加强作用。因为在创意过程最终人们总是要提出可靠性较高的假说来解释未知现象和难题，从而缩短探索的时间。依靠类比推理，利用已经确证了的规律性的知识，推广到与之类似的领域或对象上去，则可以大大提高假说的可靠性程度。

（三）类比思维的应用

1. 具体类比

具体类比是事物或事件之间具体特征的类比，就是根据事物某一点相同或相似把原来极不相关的事物联系在一起而产生类比。

2. 情感类比，又称移情

移情不是事物或事件之间的具体类比，而是借助于人的情感作用，在人和事物、事件之间进行类比。移情也是双向的，既有把事物人格化或拟人化的一面，即把人的特点归于非人的物体或状态；也有使物人化的一面，即将事物或事件的特点赋予人的情况。移情主要使人产生新的看问题角度，是从情感、体验上改变习惯看法，突破常规，实现创新的思维过程。

3. 抽象类比

抽象类比就是利用语词和概念进行类比。

4. 非现实类比

非现实类比是指借用幻想和童话中丰富的想象，与现实问题相联系，产生大胆的类比。这种类比也属于隐喻类比，只是它更需要与想象相结合。在创意过程中，人们往往先利用具体的事物，从最相似的课题答案开始，这种尝试不成功，才使得人们迫不得已转向越来越远的情感、抽象的符号，最后进入超现实，进行非现实类比。

【案例6】课题"促进学校发展的民主化管理制度设计与实施"针对管理制度机制不健全和信任危机阻碍学校发展展开研究，建构了如下研究流程图（图5-1）：

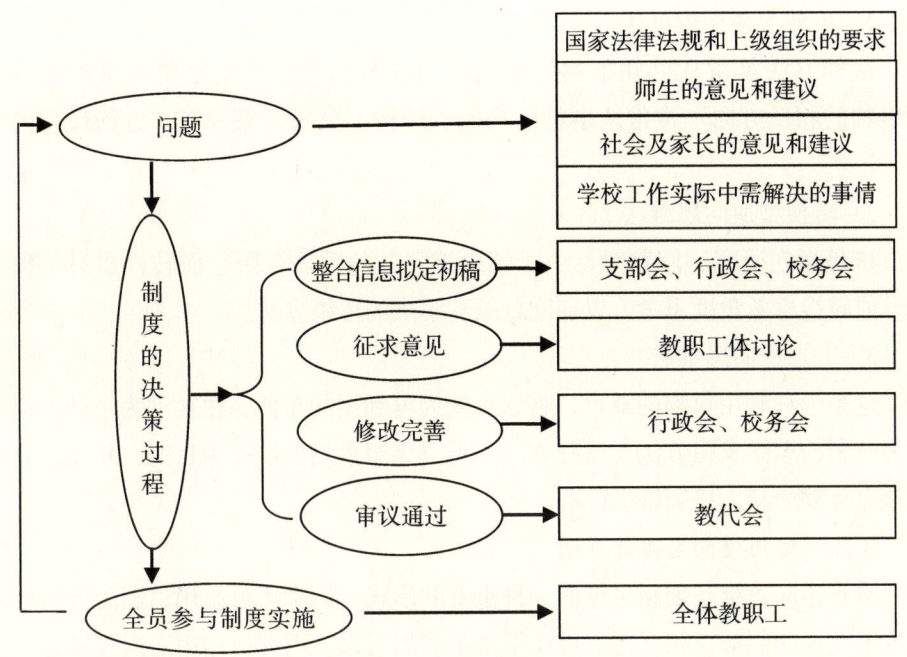

图5-1 研究流程图

在研究过程中，研究者类比"日常管理""民主管理"的原则与方法，从"形成符合教职工意愿的管理制度，增强认同凝聚人心""教职工参与管理制度的实施，群策群力共谋发展""营造有利于教职工发展的和谐氛围，激发潜能管出活力"三个方面进行深入的研究。

四、逆向思维

（一）关于逆向思维

逆向思维也称反向思维或求异思维，它是对司空见惯的似乎已成定论的事物或观点反过来思考的一种思维方式。敢于"反其道而思之"，让思维向对立面的方向发展，从问题的相反面深入地进行探索，树立新思想，创立新形象。当大家都朝着一个固定的思维方向思考问题时，而你却独自朝相反的方向思索，这样的思维方式就叫逆向思维。人们习惯于沿着事物发展的正方向去思考问题并寻求解决办法。其实，对于某些问题，尤其是一些特殊问题，从结论往回推，倒过来思考，从求解回到已知条件，反过去想或许会使问题简单化。

（二）逆向思维的应用

1. 反转型逆向思维法

这种方法是指从已知事物的相反方向进行思考，产生发明构思的途径。"事物的相反方向"常常从事物的功能、结构、因果关系等三个方面作反向思维。

2. 转换型逆向思维法

这是指在研究一问题时，由于解决该问题的手段受阻，而转换成另一种手段，或转换思考角度思考，以使问题顺利解决的思维方法。

3. 缺点逆向思维法

这是一种利用事物的缺点，将缺点变为可利用的东西，化被动为主动，化不利为有利的思维发明方法。这种方法并不以克服事物的缺点为目的；相反，它是将缺点化弊为利，找到解决方法。

（三）运用逆向思维的原则

尽管逆向思维是创新思维的一种重要的形式，但是不可滥用，因为滥用逆向思维不但不能创新，相反还有可能带来不利的后果。因此，运用逆向思维必须遵循如下原则：

1. 明确的目的性原则

运用逆向思维必须有着明确的目的性，或者是为了创立新的思想或观念，或者是为了创新科学技术，或者是创新管理方式等。总之，要针对客观实际中的某一具体问题恰当地运用逆向思维，不能毫无目的地滥用逆向思维。

2. 反常合道的原则

逆向思维有着其自身的客观依据，因此运用逆向思维必须建立在其客观依据的基础上。通俗地说，运用逆向必须遵循反常合道的原则，决不能违背常理。如果违背常理，那么就不是逆向思维，就无法获得创新的成果。

【案例7】课题"'数学'作文的理论与实践探索"在研究过程中，不从"数学"作文的意义、原则、方法等方面开展研究，而是采用逆向思维方式，从"数学"作文的基本内涵与特征、教育功能、教育价值以及教学方式、命题和评价展开研究。其成果得到了华东师范大学数学系教授张奠宙的高度评价：数学作文是通过数学教学加强德育教育的好形式，是一种传播数学文化教育的最好模式，是数学教学改革的一个切入口，是一种张扬学生数学个性的教学手段。

五、发散思维

（一）关于发散思维

发散性思维，又称扩散性思维、辐射性思维、求异思维。它是一种从不同的方向、途径和角度去设想，探求多种答案，最终使问题获得圆满解决的思维方法。

发散性思维的特点是：充分发挥人的想象力，突破原有的知识圈，从一点向四面八方散开，并通过知识、观念的重新组合，寻找更新、更多的设想、答案或方法。

（二）发散思维的应用

1. 从多种角度考虑问题

在思维过程中首先要善于发现某个他人没有采取过的新角度。达·芬奇认为，当他发现自己看待某个问题的第一种角度太偏向于自己看待事物的通常方式，就会不停地从一个角度转向另一个角度，重新构建这个问题。他对问题的理解会随着视角的每一次转换而逐渐加深，最终便抓住了问题的实质。曾经有人问爱因斯坦，他与普通人的区别在哪里？爱因斯坦回答说，如果让一位普通人在一个干草垛里寻找一根针，那个人在找到一根针以后就会停下来；而他则会把整个草垛掀开，把可能散落在草里的针全部都找出来。事实上，爱因斯坦的相对论就是对不同视角之间的关系的一种解释。思考的"广角度"，就是从各方面综合考虑你所看到和可能看到的一切。

2. 用直观的方式思考

要使自己的思想形象化，通过不同途径灵活地展现知识。

3. 创造性思考

创造力来源于创造性思考。就是不理会过去思想家们如何思考问题，而是创造出新的思考方式。运用创造性思考，会找到尽可能多的可供选择的解决方法。即使你已经发现了一种很有希望的方法，也应考虑可能性最大的方法和可能性最小的方法。创造性的思考方法不会使思想僵化，如果你按照创造性思路去思索，你得到的将永远是创新的东西。

【案例8】课题"中学环境教育的实践研究"，在研究中做到"四结合"：环境教育与新课程改革相结合——把环境教育与科技教育、研究性学习统一规划、统一安排、统一管理；环境教育与教育科研相结合——举办科技、环保活动节、开展科普讲座、环保科技论文评比、学生科学论坛等教育活动；环境教育与

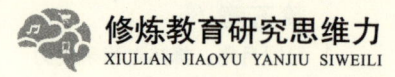

地方经济发展相结合——把环境教育成果积极交流宣传、转化为应用成果；环境教育与创建绿色学校相结合——作为学校创建品牌学校的突破口。

第四节　研究的基本方法

课题研究的方法多种多样，不同研究目的和类型的课题应采用不同的研究方法。适合中小学教师开展课题研究的常用方法主要有教育行动研究法、教育叙事研究法、教育实验研究法、教育案例研究法和教育调查研究法。

一、教育行动研究法

（一）行动研究法的基本内涵

"行动"主要指实践者、实际工作者的实践活动和实际工作；"研究"则主要指受过专门训练的专业工作者、学者专家对人的社会活动和社会科学的探索。

教育的行动研究法就是教师在研究人员的指导下，去研究本校本班的实际情况，解决日常教育、教学中出现的问题，从而不断地改进教育、教学工作的一种研究方法。

行动研究法主要价值：克服了教育理论与教育实践相脱节的弊端；能促进教师的专业发展；可行性强。

行动研究法的特点是：以解决实际问题为重点；实践者直接参与研究；以自然状态为研究背景；以研究方法灵活性为策略。

（二）行动研究法的基本环节

行动研究法的应用程序是一个螺旋式加深的过程，每一个螺旋发展图都包括问题、计划、行动、反思四个相互联系，相互依赖的基本环节。

（1）问题。发现问题是研究的起始环节。强调教师解决自己的问题、真实的问题和实际的问题。教师从问题诊断入手：第一，现状如何？为什么会如此？第二，存在哪些问题？从什么意义上讲有问题？第三，关键问题是什么？它的解决受到了哪些因素的制约？第四，众多制约因素中哪些虽然重要，但一时改变不了？哪些虽然可以改变，但不重要？哪些是重要的，而且可以创造条件改变之？第五，创造怎样的条件，采用哪些方法才能有所改进？需要指出的是，这个所要解决的问题是教师自己发现的、值得研究的问题。

（2）计划。计划就是制订解决问题的研究计划。计划包括总体设想和每一个具体研究行动步骤的设想。计划必须有充分的灵活性、开放性，计划是暂时的，是允许修改的。

（3）行动。行动是实施解决问题的研究计划，也是按计划、有控制地进行变革，在变革中促进工作的改进。注意三点：第一，行动是在获得了关于背景和行动本身的反馈信息，经过思考并有一定程度的理解后的有目的、负责任、按计划采取的实际步骤，这样的行动具有贯彻计划和逼近解决问题的性质；第二，教师和专家在合作中一同行动，家长、学生和社会人士也可作为合作的对象，要协调各方面力量，共同实现改进工作这一目标；第三，重视实际情况的变化，随着对行动及背景认识的逐步加深，以及各方面参与者的监督、观察、评价和建议，不断调整行动，是灵活的、能动的，是创造性地执行事先的计划。

（4）反思。反思是就行动过程及效果进行思考，并在此基础上计划下一步的行动。它是一个螺旋圈的终结，又是过渡到另一个螺旋圈的中介。

反思这一环节至少包括：第一，整理和描述。即对观察、感受到的与制订计划、实施计划有关的各种现象加以归纳整理，描述出循环过程和结果，勾画出多侧面的生动的行动过程。第二，评价与解释。即对行动的过程和结果做出判断，对有关现象和原因做出分析解释，找出计划和结果的不一致性，从而决定基本设想、总体计划和下一步行动计划是否需要修正，应作哪些修正。第三，写出研究报告。行动研究的报告有自己的特色，允许采取很多种不同的写作形式。

（三）行动研究的原则

1. 实践性原则

行动研究的第一要义是教育教学实践。提倡在教学实践中发现问题、研究问题、解决问题，要以改进实践、改进对实践的认识和改进实践发生、发展、变换了的情境、环境为研究的出发点和归宿。

2. 应用性原则

实施行动研究，其研究成果的价值大小关键取决于其成果是否具有推广价值和应用价值，归根到底要接受社会的或教育的实践检验。主要看是否解决了实际问题，是否改进了教育教学现状，是否提高了教育教学质量，是否有利于学生的再学习、再实践、再创造。

3. 合作原则

（1）所有参与研究者必须完成角色转换。

（2）大力提倡有情出演，淡泊名利。

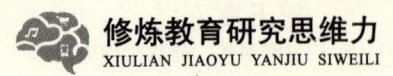

（3）争鸣不争锋，辩论不辩解，批评不批判。

（4）所有参与者要静得下心来，沉得下气去，耐得住寂寞，经得起挫折。教育科研不允许失败，但也不允许感情代替理智、主管代替客观、臆断代替事实。

4. 动态原则

加强操作程序各个环节间的信息的及时反馈。所谓信息的及时反馈就是要尽量缩短信息反馈时程。因为，用系统论的观点来分析，行动研究属于负反馈类型。只有缩短信息反馈时程，系统才能及时依靠反馈信息，修正或调整由于干扰所引起的偏差。

5. 科学性原则

科学性是所有教育科研方法的前提。教育科学的本质是经验科学，需研究经验与科学的对立统一。

（四）行动研究法的特征

（1）以解决问题，改进实践为目的。从行动研究的过程中可见：预诊阶段在于发现实践中的问题；行动阶段在于解决问题、改进实践。

（2）研究与行动相结合。行动研究的过程是研究进行的过程，同时也是行动解决问题的过程。

（3）以"共同合作"的方式进行，扬长避短。行动研究要求教师运用理论，系统地反思自己的实践；要求研究者深入实际，从实际中发现问题，并直接参与从计划到评价实际工作的过程，与教师一起研究他们面临的问题。因此行动研究以相互参与和共同研究的方式在研究者与教师之间架起了桥梁，使之共同合作，扬长避短。

（4）行动研究具有一个不断展开的螺旋过程。行动研究法的应用程序是由"问题—计划—行动—反思"构成一个螺旋圈，反思是一个螺旋圈的终结，又是过渡到另一个螺旋圈的中介。

二、教育叙事研究法

（一）教育叙事研究法的基本内涵

所谓教育叙事法就是把教师日常的教育教学经验组织成有价值结构的事件，通过叙述这一事件发生、发展、解决的整个过程，并分析因果来阐述自己教育理念的研究方法。教育叙事研究要求所叙述的故事不仅要接近经验、表述经验，而且还要接近理论，对参与者和读者有理论指导意义。

具体地说，教师在教育教学实践中进行教育叙事研究，通过学习相关的教育理论来阐释和指导其教育行为，不断地进行着教育故事的撰写，通过这样的积累，可以促使教师个人的教育教学理念趋于完善，并形成自己的风格，这是其他教育科研方法所难以实现的。而叙事研究教师所撰写的教育故事则为其他教师提供了富有理论指导又易于实践操作的范例，为教师之间进行知识经验的交流提供了一个新的、更有效的平台。

（二）教育叙事研究的特征

（1）教育叙事研究的研究对象主要是教师的教学事件和生活事件。教育叙事研究所研究的主要是教师的故事，是教师的日常生活、课堂教学、教科研等活动中曾经发生或正在发生的事件。这些事件可以是反映教师的教育理念、内心体验及人生观价值观的故事，也可以是教师对自己教育对象（学生）情况的描述。发生在课堂教学中的"教学事件"称之为"教学叙事"，发生在课堂教学之外的"生活事件"称为"生活叙事"。

（2）教育叙事的研究过程主要是"现场文本"到"研究文本"的转换过程。叙事研究过程主要是现场、现场文本和研究文本三者结合与转换的过程。现场是研究者的考察对象；现场文本是在研究者与参与者合作的基础上，经过选择、演绎解释的经验记录，是产生于现场经验的混合体。由于现场文本还仅是叙事，就叙事研究而言，仅有叙事是不够的，还需要作者阐述叙事的意义和对他人及社会问题的意义。也就是说，需要通过研究的主题和思路来促进现场文本向研究文本的转换。

（3）教育叙事研究方式注重参与者和研究者的结合。传统的方法论要求研究者与参与者保持距离，以保证研究的客观性。叙事研究要求研究者接近参与者，并有意融洽研究者与参与者的关系，注重参与者和研究者的结合。具体的结合方式可以是教师作为参与者，教育理论研究人员作为研究者，也可以是教师集这两者于一身，既是参与者又是研究者。

（4）教育叙事的研究成果是以"研究文本"的方式加以呈现。教育叙事研究的成果为"研究文本"。研究文本与一般意义的"科研报告"不同。研究文本既要表述现场经验，同时又要解释现场经验的意义及对他人、社会问题的意义。也就是说，研究文本既包含了实践经验，又蕴涵着富有意义的理论及研究者的观点，在表述形式上表现为夹叙夹议。

（三）教育叙事研究的程序

叙事研究首先要有"事"可叙述，这就需要选择、观察、整理故事；叙事研究还要对"事"进行研究，这就需要理论的准备和理性的视角；叙事研究还要对研究成果进行撰写，需要具备个性化的语言表达能力。具体地说，教育叙事研究的程序是：确定研究问题—选择研究对象—体验研究现场—收集现场文本—撰写研究文本。

（1）确定研究问题。确定研究问题是进行研究的前提。教育叙事研究的范围很广泛，教育观念、教育机制、素质结构、日常生活、体态行为、课堂教学都可以成为研究的问题，但教育叙事研究强调的是通过"叙事"来进行"研究"，关注的是微观层面细小的普通的教育事件，强调对教育中特殊现象的描述和体察。所研究的问题所涉及的时间、地点、人物和事件在现实生活中确实存在，是广大教师真正关心的具有普遍实际意义的特定问题。当然，所叙述的故事可以是成功的教育教学事件，也可以是失败的教育教学事件。

（2）选择研究对象。教育叙事研究方式注重参与者和研究者的结合，要求研究者接近参与者，融洽参与者的关系，赢得研究对象的信任与合作，研究的活动应得到被研究者的认同、理解，没有这样的前提，叙事研究就无法获得完整、真实的第一手材料。所以，叙事研究在选择研究对象时，除了与其他研究一样考虑研究问题的性质外，还要考虑被研究者的年龄、性别、个性、地位等因素，真正实现研究者与被研究者的互动。

（3）体验研究现场。体验的方式主要有观察和访谈。观察是在自然状态下，利用感官获得形象、生动、活泼的初步经验，为叙事研究带来真实感、情景感、现场感。访谈则是研究者与研究对象进行有目的的谈话，使研究者在观察中获得的外部感受得以深化，使外显的行为得到意义解释，使研究由表及里、由外至内，从而将叙事研究推向深入。

（4）收集现场文本。叙事研究离不开现场发生的事件，研究者应将观察到的、与教师交谈的信息加以记录。这里要说明的是：现场文本是由研究者和参与者共同创造的代表现场经验各个方面的文本，并不是简单的客观记录，不仅要记录观察、访谈的信息，还要记录获得这些信息时的情景、体验。

（5）撰写研究文本。研究文本既包含研究者对所观察到的"事"的故事性描述，也包含研究者对"事"的论述性分析。描述要尽可能详尽，所描述的故事要基于经验事实，并具有一定的典型性，体现细腻的情感氛围和浓郁的叙事风格，在此基础上，根据要阐述的理念需要，可做一定的修改但不能虚构。分析要全面、深刻，力图在具体的偶然的多变的现场中透析种种关系，反映相关的教育教学理念，使教师的生活故事焕发出理性的智慧。

三、教育实验研究法

（一）教育实验研究法的基本内涵

教育实验研究是研究者根据研究目的和计划，在控制条件下，对被试（教育对象）施加可操纵的教育影响，然后观测被试的变化及教育效果，以此推断所施加的教育影响与教育效果之间是否存在因果关系的研究方法。

（二）教育实验的特点

1. 以科学的假设为前提

实验假设是实验者在长期实践、经验积累的基础上对实验因素与教育效果之间因果关系的一种假定性的推测。教育实验是针对教育中存在的某种问题，提出有科学根据的设想和假说，然后付诸实验的检验，从而得出结论，接受或拒绝假设。

2. 实验过程被施行严格的积极主动的控制

实验法是在严格控制的条件下，人为设置某种情境，积极主动地促使某些现象、性质特征的出现，进而揭示事物、现象发生的原因。在教育实验中，自变量即实验因素，因变量即实验效果，是依赖于其他变量而变化的变量，是实验因素等变量作用下的反应，是实验的结果。控制是实验法的本质特征和精髓，没有控制也就称不上是实验。

3. 探求变量间的因果关系

教育实验的主要目的是探求变量间的因果关系。因为实验过程中一切无关因素都已受到严格控制，而作用于因变量的只有实验因素，因此，这一结果是必然的，研究者可确定实验因素与结果之间的因果关系。要得出两类变量之间存在因果关系，需要满足三个条件：

（1）共变关系。自变量和因变量向同一方向变化。

（2）时间顺序。先有自变量的变化，才有因变量的变化。

（3）控制无关变量。

4. 具有可重复性

所谓可重复性是指在同样实验条件下，可以在不同地区、不同单位获得同样的实验结果。实验结果本身就是经过长期艰苦反复的实验获得的。一旦某一因果关系确定后，可以肯定它具有较高的科学性。因此，如果在相同的实验情境下，施加同样的实验因素，控制好无关因素的干扰，按同样的方法加以操作，应该能

够获得基本相同的结论。教育实验的可重复性使得实验结果具有更强的说服力和推广价值。

（三）教育实验的类型

根据教育实验的特点，可以从不同的方面把教育实验分成不同的类型。

1. 单项单科实验与整体实验

中小学单科单项改革研究的一个基本目标是解决教育、教学中遇到的困难，提高教育教学水平，提高教育质量，具有强烈的针对性与应用性。这种研究又不单纯是为了一时、一校、一课、一书的改革需要，而越来越注意到弄清某个教育现象内外各个因素之间的关系，并已由单一的解决个别具体问题发展到探索带规律性的现象。从研究的内容看，已包括中小学各门学科，课内、课外、校外的全部教育领域，课程、教材、教法、学法的方方面面，以及学校教育的每一个方面，呈现出内容的广泛性。它的研究基本上是以教师为主体，教师、教研（科研）工作者、教育行政工作者三结合；个别研究、教研经集体研究与学校立项研究相结合；一校研究、多校协作研究与区域合作研究相结合，研究形式趋向合作化。但这种"教研"因为带有明显的经验性，难以进行科学的评价，难以探索那些比较复杂的教育现象而受到局限。

中小学整体改革研究是对一所学校的整体改革进行科学范畴的研究活动。中小学办学规律的探索过程是为学生的全面发展、个性特长健康发展与身心和谐发展，由学校、家庭、社会共同努力，创造良好教育环境的系统工程，是从指导思想上、统筹规划上、总体设计上、结构调整上对中小学教育改革进行的宏观控制。中小学整体改革研究是对社会主义初级阶段素质教育规律、教书育人规律的研究，是一种把改革、实验、探索、实践融为一体的实验研究。

2. 探索性实验与验证性实验

这是根据实验主要任务的不同所进行的划分。探索性实验探明造成某种现象的原因究竟有哪些，或者操纵某些条件会引起什么效果，它的特点是因子多，常将许多可能影响结果的因子组合在一起，进行比较、筛选、更新，实验规模小，对实验精度的要求也不高。如果对研究课题比较明确，已经有了具体的假设和方案，实验只是为了验证假设是否成立，方案有怎样的效果，这就是验证性实验。它的特点是问题十分明确，因素不多，实验规模较大，控制要求也比较高。探索性实验与验证性实验是相互联系的。虽然在实际研究的不同阶段，探索与验证、发现与确认两者有所侧重，可以分步走，但新的教育设想、方案的提出，既是发现，同时也包含着对一切可供选择的方案的比较、筛选。对已有方案的实施不是一个机械执行的过程，而是一个创造性的物化与具体化的过程。

3. 前实验、准实验与真实验

这是根据实验控制的程度、实验内外效度所作的划分。前实验是指缺乏控制无关因子的措施，内外效度是较差的实验。准实验指在现成的教学班级内进行、没有随机分派被试、不能完全控制误差来源的实验。真实验指随机分派被试、完全控制无关因子、内外效度都很高的实验。

（四）教育实验的一般程序

1. 准备实验

实验的准备阶段的主要任务是制订实验方案。该方案应包括以下内容：

（1）确定研究课题，明确实验目的。实验研究的课题的表述应简明。对课题中涉及的关键概念应作界定。对研究者为什么要研究这一课题，也要有所交代。

（2）设计理论框架，形成实验假设。研究者要作先期的调查研究，查阅有关文献资料，在充分讨论的基础上，按照实验研究的目的设计、指导实验的理论框架，明确实验的指导思想和教育观念，在此基础上确定实验的具体目标，并对实验研究的方向、范围以及如何搜集、分析和解释数据资料作出明确的具体规定。

实验假设是实验的核心与灵魂，是研究者对所要研究的变量之间关系的一种假定，是从理论框架和研究目的，以及对所要研究的变量进行分析以后提出来的，实验假设至少应包含两个变量，并说明变量之间的某种关系，且预计会被实验所证实。

（3）选择被试，分解实验变量，进行实验设计。研究者要具体说明实验被试选择的方法、被试分组的方法以及是否设置对照组。分解实验变量时要准确描述实验课题的自变量、因变量、无关变量，还应对这些变量的操纵、控制措施以及实验手段、条件等实验过程进行规定，进行合理的实验设计，最大限度地提高实验的效度。

（4）编制测量工具、选择统计方法。研究者要根据实验的目的要求，设计好搜集实验资料和数据的方法，准备好测定因变量的工具，决定采用什么样的统计方法，从而明确评价因变量的指标。

（5）预设实验过程。应说明实验分为哪些阶段和过程，他们的研究任务各

是什么，预计何时完成等。

2. 实施实验

实验的实施阶段是实验的实质性阶段。研究者和实验人员应按照实验设计有条不紊地展开实验。各个阶段和过程的主要任务是按照实验设计进行实验处理；采取有效办法消除无关变量的影响；搜集实验数据和其他实验资料，随时观察和测量操纵自变量所产生的效应。

3. 总结与评价实验

（1）分析处理实验中所获得的资料数据，在统计分析的基础上对变量作因果分析，肯定或否定实验假设，得出科学结论。

（2）评价实验结论，写出实验报告。

四、教育案例研究法

（一）教育案例研究法的基本内涵

案例是对个体对象、决策行为，或对某个实践中发生的情景的真实描述。它可以是对学生、班级、学校等特定研究对象的连续不断的成长过程的描述，也可以是学生学习的有趣故事，或者是教学过程的精彩回忆，还可以是对实践中突发事件或遇到的困惑的记录，甚至是师生交往的曲折经历等等。案例可以是故事，可以是日记，也可以是特殊事件的描述。它通过对某种情形的真实描述，向大家提供具体的背景、场合、人物、事件及后果，引发人们反思。案例是作者对已有事件的理性反思，是读者理解教育理论、指导自己实践的有效学习材料，也是理论研究者提炼理论的实践依据。

教育案例研究法是结合教育实际，以典型案例为素材，并通过具体分析、解剖，促使人们进入特定的营销情景和营销过程，建立真实的营销感受和寻求解决营销问题的方案。

（二）教育案例研究的原则

（1）典型性原则。一个好的案例，应该能以小见大，反映出某一类事物或教育活动的基本共性，有较强的研讨价值，可以从正反两方面总结经验教训，提升教育理念。

（2）真实性原则。一个好的案例，虽然有较强的可读性，但它不同于一般的文学作品。案例所描述的应该是已经发生的事实，不能虚构。当然，在细节上也可以作必要的文字加工和整理。

（3）个性化原则。案例所描述的事件要有一定的特性。一个好的案例往往反映的是人们所忽视的东西，或者是人们没有预见到的情景。其情节可曲折有趣，但主题要十分鲜明。

（4）启发性原则。一个好的案例所描述的事件要有一定的冲突，使人产生认知上的不平衡，由此引发人们深思，甚至引起研讨和争论，以提升作者和读者的教育理念。

（5）创造性原则。案例所反映的问题要符合形势发展的要求。就当前来说，要符合新课程提倡的教学理念。同时，要注意用新的思考方法、新的观点去分析研究，以得出新的结论或发现新的规律。也可以从案例分析中提出新的问题，或者提出独特的见解，提供给大家去研讨，这种案例就具有创造性。

（6）理论联系实际的原则。理论和实际是辩证统一的，教科研本身就是理论和实践的辩证统一。案例就要体现出这一点。一个好的案例描述的是一个实践的过程，但反映的却是理性的问题。因此，描述与分析点评应该是案例的两个不可分割的重要内容。

（三）教育案例研究的实施程序

1. 选择案例

案例选择的标准与研究的对象与研究要回答的问题有关，它确定了什么样的属性能为案例研究带来有意义的数据。案例研究可以使用一个案例或包含多个案例。我们应认为单个案例研究可以用作确认或挑战一个理论，也可以用作提出一个独特的或极端的案例。多案例研究的特点在于它包括了两个分析阶段——案例内分析和交叉案例分析。前者是把每一个案例看成独立的整体进行全面的分析，后者是在前者的基础上对所有的案例进行统一的抽象和归纳，进而得出更精辟的描述和更有力的解释。

2. 收集数据

案例研究的数据来源包括五种：①文件。②档案纪录，跟个案研究的其他信息来源联结，然而跟文件证据不同，这些档案纪录的有用性将会因不同的案例研究而有所差异。③访谈，访谈可以采用数种形式，其中最常见的类型是采用开放式的进行方式。第二种类型的访谈是焦点式的访谈，是一种在一段短时间中访谈一位回答者的方式。第三种类型是延伸至正式的问卷调查，限定于更为结构化的问题。④直接观察，研究者实地拜访个案研究的场所。⑤参与观察，此时研究者不只是一位被动的观察者，而要真正参与到正在研究的事件之中。⑥实体的人造物，实体的或是文化的人造物是最后一种证据来源。

3. 分析资料

资料分析包含检视、分类、列表，或是用其他方法重组证据，以探寻研究初始的命题。在分析资料之前，研究者需要确定自己的分析策略，也就是需先了解要分析什么，以及为什么要分析这个优先级。具体所使用的分析策略有两种情况：其一，依赖理论的命题。案例研究一开始可能就以所确定的命题为基础，而命题则反应了一组研究问题、新的观点和文献回顾的结果。由于资料的收集计划应该是根据命题所拟定的，因此命题可能已经指出了相关分析策略的优先级。其二，发展个案的描述。发展一个描述架构来组织案例研究。这个策略没有理论命题的策略好，但是当理论命题不存在时，是个可以采用的替代方法。

4. 撰写报告

案例研究成果的表述形式具有很大程度的灵活性，并不存在标准或统一的报告格式。但在社会科学研究领域，常常会使用与案例研究过程相匹配的格式，从而将案例研究报告分为相对独立的几个部分：①背景描述；②特定问题、现象的描述和分析；③分析与讨论；④小结与建议。

五、教育调查研究法

（一）调查法的基本内涵

调查法，是指调查者以正确的理论与思想作指导，通过访谈、开座谈会、问卷、测验等手段，有计划地广泛了解（包括口头的或书面的，直接的或间接的）、掌握有关教育实践的历史、现状和发展趋势，或有关的成果和经验、问题和教训，并在大量掌握材料的基础上进行分析综合，得出科学的结论，以指导今后的教育实践活动。教育调查法一般是在自然的过程中进行的，是间接地观察。

（二）调查法的特点

（1）调查法的特点是基本上不受时间和空间的条件限制，而间接地研究某一教育问题。在教育实践中，不可能直接观察到全部教育现象，也不可能全都用实验法进行研究。如研究学生的思想道德状况、师生党关系、家长对孩子的教育，以及学校教育如何为社会服务、社会如何参与学校教育等等，一般均可采用调查法，通过间接地掌握实际情况（或材料）去研究、解决这些问题或现象。

（2）可以通过多种手段收集材料。采用调查法，收集资料的手段多、速度快，涉及人数和问题的范围广。它可以通过访问、座谈、问卷、测验等多种手段向熟悉研究对象的第三者或当事人了解情况，也可以通过测验、收集书面材料等途径了解情况，掌握教育现状。

（3）教育调查法是在自然状态中进行的，它主要通过考察现状收集资料、进行研究，而不是像实验法那样通过控制实验因素的方法进行研究，所以调查法比较简便易行。

（4）采用调查法，可以对客观的教育现象（或现实）进行描述和解释。教育作为一种社会现象是无所不有、复杂多变的，要研究它，就得进行调查研究，变复杂为有序，变模糊为清晰，在头脑里形成一个整体概况，以便进行正确的评价与判断。

（三）教育调查的基本原则

1. 客观性原则

客观性原则，是指在调查时，调查者应该按照事物的本来面目了解事实本身，必须无条件地尊重事实，如实记录、收集、分析和运用材料。调查者在实施调查计划时，对调查对象不抱任何成见，收集资料不带主观倾向，对客观事实不能有任何一点增减或歪曲，这就是教育调查中必须遵循的实事求是的科学态度，也是从事调查研究最基本的一条原则。

2. 多向性原则

多向性原则，是指调查者在调查中，应该多角度、多侧面去获得有关的材料，即进行全息调查，注意横向与纵向、宏观与微观、多因素与主因素的结合，使调查既是全面的又有代表性。教育调查的对象是干部、教师、学生……是活生生的人，是不断变化的。因此，在进行调查研究时，不仅要注意了解调查对象以往的特点，也要调查他们新产生的特点，了解他们的发展趋势。

3. 灵活性原则

在教育调查过程中，由于教育现象的复杂性，如调查对象的地位、职业、年龄、性别等等的不同，或者调查题目、调查方法手段的不同，一定要适应情况的变化，注意灵活性，根据调查对象的特点而灵活对待；随时调整，以保证取得可信的调查材料。

4. 定性定量分析相结合原则

比较数量化是现代教育调查的一个特点，因而调查者一定要在调查研究过程中坚持对调查材料进行定性和定量相结合的分析。在进行具体操作时，可以精确与粗略结合，有详有略，但不能使用"也许""大概""差不多"等词句，只有坚持定性和定量相结合的调查研究和分析，才能真实、具体地反映现象。这样的调查结果才能成为了解实情、进行决策的基础。

（四）教育调查的一般步骤

1. 确立调查课题、制订调查计划

（1）确定题目。在调查前，首先必须明确调查方向，确定调查课题。只有明确所要解决的问题，才能减少调查的盲目性，增强调查的自觉性。

（2）拟订计划。拟订教育调查计划是调查研究工作能否顺利进行的重要保证，一个好的教育调查计划往往是成功良好的开端。

2. 收集材料

收集材料，即在教育调查过程中采用问卷、访问、测验、开调查会等手段全面收集资料，以保证所获材料的信度。

3. 整理材料

在教育调查中，那些直接采集到的材料称为原始材料，必须对之进行整理分析，使之达到系统化和条理化，以便使调查者弄清材料之间的相互关系，发现教育现象和事物联系的规律，解答调查者提出的课题，这就要作一系列整理分析资料的工作。整理的目的是为了便于分析，而分析的基础在于整理，所以整理分析材料的工作必须认真对待，马虎不得。材料整理的步骤主要有检查、汇总、摘要和分析四步。

4. 撰写调查报告

调查报告的撰写，是调查研究过程中最后的也是最重要的一步，单纯地进行调查研究，其本身并没有什么意义，只有认真叙述结果，进行交流，才能真正发挥调查研究的作用。

（五）教育调查的设计

1. 教育调查设计的内容

（1）确定调查项目内容。确定调查项目内容就是将调查目标具体化为可以实施调查活动的项目。调查项目要全面、具体。对影响被调查对象某些特征的直接或间接因素，都要予以考虑。

（2）设计调查问题。依据调查目标和调查项目，进一步制定出一系列能够实现目标的具体问题。问题的设计要与调查项目贴切，既便于回答，又不带明显倾向性诱导或强度大的刺激，要注意调查对象的认识水平和理解程度。设计的问题要有区分度，一般为三级或五级形式。

（3）规定调查研究的对象及取样方法。这是规定调查研究的总体对象以及从总体中抽取部分的方法。教育调查中确定对象常采用抽样法（包括随机抽样和非随机抽样）、全体法和典型法（个案法）三种方式。

（4）确定搜集材料的方法，设计调查的工具。实践中一般有两种方法：一种是直接方法，如实地访问、观察、测验；另一种是间接方法，如发调查表、问卷。查阅档案、统计资料等。制订调查计划时，每个项目具体采用何种方法都要详尽列出。

（5）筹划教育调查的经费。

（6）确定实际调查的步骤、日程安排及组织分工。一般地讲，应规定以下五个工作阶段的大致起止日期：准备阶段、工作人员的培训阶段、调查工作的实施阶段、调查资料的整理阶段和调查报告的编写印制阶段。

2. 教育调查的工具设计

在教育调查中，无论是采取直接或间接的方式收集资料，事先都要设计好所用的调查工具，如访谈提纲、调查表、问卷、观察卡片、测验量表等。设计调查工具应遵循标准化与经济、适用的原则。在调查工具的编制过程中，一定要搞一次小规模的测试，收集调查对象的反馈信息，以进行修改调整。这是大规模教育调查中十分重要的一项准备工作，使调查工具的差错尽量消灭在正式调查之前，这样可以减少研究中的技术性误差。

第六章
千锤百炼，修炼成果表达力

第一节　表达是一种艺术

表达就是用口说或用文字把思想感情表示出来。表达力就是用外部的行为（语言、神态、身段等）把思想表达出来的能力。教育科研成果必须绝对如实地反映客观情况，一切叙述、说明、推断、引用必须恰如其分。文字、用词应力求准确。概念表述应尽量用科学性用语，避免用常识性用语，以免读者费解或产生歧义。当然，科研成果的文字也必须简单、明了、通顺、流畅，既要明白如话，又要把研究的效果准确地、科学地表达出来。

一、现场扫描

研究报告是教育科研课题成果最集中的代表，是研究者在课题研究结束后对科研课题研究过程和研究成果进行客观、全面、实事求是的描述，是课题研究所有材料中最主要的材料，是科研课题结题验收的主要依据，也是上级部门和专家为课题研究作鉴定的主要依据，因此，撰写好研究报告是课题研究最后阶段的极为重要的工作。然而，科研课题成果提炼存在如下现象与问题：

【现象一】版块缺乏逻辑

【案例1】有的研究报告的问题、措施与成效三者之间的关联度不大，研究停留在对现象的描述、事实的罗列，研究只能提示到"效果"层面，罗列事实、成绩，不能说明现象之间的本质联系。

【问题诊断】对与研究内容适切的提炼角度及表达方式缺少必要的理解和掌握，研究报告的体系松散。

【问题一】整体缺乏设计

【现象二】成果缺乏理性思考

【案例2】成果报告内容完整性、深刻性不够，没有去探索核心要素与关系、结构，没有对现象生成的原因进行深刻的思考与分析。

【问题诊断】内容是实践者朴素的直接感受与表述；定性分析多，定量分析少。

【问题二】内容缺乏深度

【现象三】成果的可参照性差

【案例3】有的课题研究只注意促进自身教育教学实践的改进，忘记了研究的另一个实践目的，即为学校间的交流创造条件，因而对于研究过程、研究条件记录极为简略。

【问题诊断】这里的成果表达存在如下问题：一是没有明确研究的限制条件；二是对研究的保障条件及如何具备这样的基础条件表达不到位或模糊；三是对研究过程叙述不完整。

【问题三】成果表达不严谨

【现象四】语言缺乏感染力

【案例4】尽管研究成果丰富而有特色，但表述上不讲究必要的表达艺术，平铺直叙，语言苍白，缺少数据与案例支撑。

【问题诊断】撰写人员语言表达能力欠缺，没有进行深入地提炼、磨炼。

【问题四】表达缺乏艺术

课题成果不可能自然生成，需要对研究过程的资料、案例、感想（感受）、观点等按照一定的逻辑关系进行提炼，使其成果更加有深度、有高度，更加体现研究的学术价值和理论价值。

二、表达是一种艺术

表达是将思维所得的成果用语言语音语调、表情、行为等方式反映出来的一种行为。表达以交际、传播为目的，以物、事、情、理为内容，以语言为工具，以听者、读者为接收对象。表达必须做到用词准确、语意明白、结构妥帖、语句简洁、文理贯通、语言平易、合乎规范，能把客观概念表述得清晰、准确、连贯、得体，没有语病。从这个角度说，表达是一种艺术。这是因为表达是观察、记忆、思维、创造和阅读的综合运用；表达是各种学习能力、智力的尖端反映；表达几乎包括了一切高级行为、一切艺术、一切表露出来的情绪。表达包括挖掘、归纳、概括和抽象，挖掘就是对已有的研究对象和研究过程的资料进行深

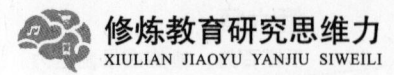
入开发，探求其本质的东西；归纳就是通过对许多具体研究事实概括出一般原理的推理方法；概括是把研究事物的共同特点归结在一起加以简明地叙述，扼要重述；抽象是从许多事物中舍弃个别的、非本质的属性，抽出共同的、本质的属性的过程，是形成概念的必要手段。

第二节　表达的意蕴

一项教育科研课题的研究工作按计划完成后，需要对整个过程及其结果进行分析、总结，用文字记载下来，即形成一份课题研究的书面材料。这种对教育科研成果进行文字加工的过程是教育科研的重要环节，也是显示教育科研成果的重要形式。成果提炼得如何，直接影响着教育科研成果的交流和运用。

一、成果提炼的价值

教育科研成果是针对某种教育现象、某一教育课题或某种教育理论进行调查研究、实验或论证后所得出的新的教育观点、新的教育思想、新的教育方法或新的教育理论。成果提炼的价值不仅是为了科学地总结自己的研究工作，更重要的是向教育界以至社会提供教育科研信息，以丰富教育理论宝库和推动教育实际工作。

（一）成果提炼的目的

（1）聚焦研究，启发思考。有利于广泛便捷地了解成果和准确把握成果精髓，让思考的问题更加理性。

（2）表述深刻，形成特色。有利于通过强化"二次研究"，使研究成果得到全面关注与系统整理，形成高水平、有特色的认识。

（3）凝聚智慧，生成技巧。有利于提高研究者的专业判断力，使研究者的反思意识得到增强，教育智慧得到发展，有效固化新生的教学智慧与技巧。

（4）不断循环，推进研究。有利于经过研究成果的系统管理、成果资源整合和被广泛共享，不断推进新认识的形成。

（5）发现规律，生成经典。有利于发现教育教学的规律，形成一些经典的公共成果。

这集中体现为"五让"：让问题更加理性；让设计更加全面；让信息更加简捷；让表达更加清晰；让效果更加出众。

（二）成果提炼的意义

（1）深化知识，表明研究的结论及其价值。成果的提炼说明了研究什么、如何研究以及研究结果及其价值。通过成果的提炼，可以对整个课题研究过程进行高度概括和科学总结，揭示教育的某种规律，实现理论升华，显示其理论价值。同时，又为解决某一教育问题提供理论依据、建议、方案或办法，从而推动教育的变革和改进，显示其实用价值。因而，科研成果的表述不仅仅是反映科研成果的问题，而且是深化和发展科研成果的问题。

（2）有利于学术交流，供他人参考。教育科研过程是我们获得直接经验的过程，这种经过精心设计、精心探索而获得的直接经验不仅对直接参加者来说是十分宝贵的，而且对于所有教育工作者，对于人类整体认识的提高和发展都是十分宝贵的。成果的提炼有利于不同空间、不同时间的人进行学术交流。

（3）有助于培养、提高研究者的思维能力和表述能力。成果的提炼是一个严密的思维过程，需要一定的分析、综合、抽象、概括的能力，要求有准确运用语言文字的能力和技巧。缺乏一定的思维能力和表述能力，总结、表述不好，课题研究只能是一种无效或低效的劳动。成果的提炼有助于培养、提高研究者的思维能力和表述能力，进行有效的科研活动。

二、成果报告的基本要求

一份成果报告是否有意义取决于它的质量。为了保证成果报告的质量，研究者必须遵循以下基本要求：

（一）科学性

科学性是科学研究成果的生命所在。成果报告的表述必须观点正确、材料可靠，论证要以事实为依据，无论是阐述因果关系、结论的利弊和价值、结论的实用性和可行性，都必须从事实出发。推理要合乎逻辑，不可无根据地臆断。

（二）创造性

创造性是衡量成果质量水平高低的重要依据。别人没有提出过的理论、概念、教育教学新方案、新的实验方法、别人没有观察到的现象以及在实验和调查中第一次获得的新的数据等，都是创造性的研究成果。

（三）规范性

成果的表述虽无定法，但有常规可循。在撰写成果报告时，要按照一定的格式，不能忽视最基本的规范要求。写作之前要有明确的计划和提纲，要根据研究的结构特点和逻辑顺序，研究课题的任务和内容，要考虑表达的形式和表述的方式。

（四）可读性

为了便于传播和交流，成果报告的表述应具有可读性。成果报告的语言阐述必须精确、通俗，在不损害规范性的前提下尽可能使用简洁的语言。专门的名词术语可以用，但不要故弄玄虚。

文字切忌带个人色彩，一般不采用比喻、拟人、夸张等修辞手法；不可把日常概念当作科学概念，不宜采用工作经验总结式的文字。一篇高质量的成果报告，不仅要有创见，也要讲究辞章，达到科学与文学、科学与美学的最佳结合。

三、成果报告的类型

教育科研成果的表述形式是多种多样的，研究的任务不同，研究成果的表述形式也不一样。一般说来，教育科研成果的表述形式有三类：第一类是教育调查报告，第二类是教育实验报告，第三类是教育经验总结报告。

（一）教育调查报告

教育调查报告是对某种教育现象调查后，经过整理分析写成的文字材料。调查报告的表述一般有以下几个组成部分：

（1）题目。一般通过提炼、确切、鲜明的文字概括全篇内容，点明被调查范围。常用的写法有三种：一是类似文章标题的写法，如《义务教育阶段教师绩效工资实施现状分析与对策建议》；二是类似公文标题的写法，如《教师专业阅读的调查报告》；三是用正副标题的写法，如《教师知识储备如何转化成专业能力——农村义务教育阶段教师专业发展状况调查》。

（2）引言。简明扼要地说明调查的目的、意义、时间、地点、对象、范围等，交代调查的方法、报告主要调查的内容，使读者对调查报告获得总体认识；或提出社会、师生所关注和迫切需要调查了解的问题，以引起关注。

（3）正文。这是调查报告的主体部分。这部分要把调查获得的大量材料经过分析整理，归纳出若干项目，条分缕析地叙述，做到数据确凿、事例典型、材料可靠、观点明确。为了增加形象性，使人一目了然，对一些数据尽可能用图表表示出来。

教育调查报告的内容重点视调查的目的和问题的性质而定。写作安排也应先后有序、主次分明、详略得当。大致有以下几种写法：

第一，按调查的顺序逐点来写。

第二，按被调查单位的人和事的产生、发展和变化的过程来写，以体现其规律性。

第三，将两种事物加以对比，以显示其是非、优劣，找出其差异性。

第四，按内容的特点分门别类，逐一叙述。不论采用哪种写法，最后都要写清楚调查的结果。总结经验、揭露错误、分析原因等，都要以调查结果这一事实为依据，做到客观、求实。

（4）讨论或建议。依据正文的科学分析，可以对结果做理论上的进一步阐述，深入地讨论一些问题，亮出自己的观点，提出建设性的意见和建议。

（5）结论。通过逻辑推理，归纳出结论。即简单交代调查研究了什么问题，获得了什么结果，说明了什么问题。

以上几个部分写时可以灵活安排，适当合并，无需面面俱到。

（二）教育实验报告

教育实验报告是教育实验之后，对教育实验全过程及其结果进行客观、概括地反映的书面材料。由于实验分为探索性和验证性（决断性）两种，所以实验报告的表述方式也就有所不同，但实验报告的基本结构是相似的。

（1）题目。应以简练、概括、明确的语句反映出教育实验的对象、领域、方法和问题，使读者一目了然，判断出有无阅读价值，如《数学"问题—情境"教学实验报告》。为避免题目冗长，可以加副标题，使主标题简练。

（2）引言。简明扼要地说明实验课题的来源、背景以及实验进展情况、实验对象和规模等，表明解决该课题的实际意义。

（3）实验方法。这是实验报告的主要内容之一。目的是使人了解研究结果是在什么条件和情况下，通过什么方法，根据什么事实得来的，从而判断实验研究的科学性和结果的真实性与可靠性，并可依此进行重复验证。

关于实验方法，主要阐述：第一，怎样选择被试。被试的条件、数量、取样方式，实验时间及研究结果的适用范围；第二，实验的组织类型（方法）及采用这种组织类型的依据，是单组、等组还是轮组实验；第三，实验的具体步骤；第四，对无关因子的控制情况。

（4）实验结果。实验结果中最重要的是提出数据和典型事例。数据要严格核实，要注意图表的正确格式。典型事例要能使人更好地理解实验结果，使实验更有说服力。要用统计检验来描述实验因子与实验结果之间的关系。对非单因单果的关系，要经过适当的设计与统计分析，判断影响实验结果的原因，并做出实验假说的验证。

（5）结论。它是对整个实验的一个总结。下结论必须慎重，语言要准确、

简明；推理要严密而有逻辑性。

（6）分析与讨论。即运用教育教学理论来分析和讨论与实验结果有关的问题。其主要内容有：第一，由实验结果来回答篇首提出的问题；第二，对实验结果进行理论上的分析与论证；第三，把实验结果与同类研究结果相比较，找出得失优劣；第四，提出可供深入研究的问题及本实验存在的问题。

（7）参考文献和附录。

（三）教育经验总结报告

经验总结报告是对在教育教学实践中，经过去粗取精、去伪存真的积极探索而积累起来的经验的系统化、理论化的书面材料。经验总结报告的基本结构大体有以下几部分：

（1）题目。可以是既定的科研项目，即专题经验总结；也可以是对某一阶段（如一学期、一学年等）全部工作的回顾。从中找出成效较大、印象较深，且富有新意的东西来确定总结的题目。

（2）引言。没有固定的表达方式，大多数以凝练简洁的语言交代本篇经验总结的背景、写作目的、取得的主要成绩等，使读者一开始就判断出有无参考价值。

（3）正文。围绕经验总结的主题（总观点）组织材料，可在文中设小标题，但要注意所叙述的若干个问题的内在联系。经验总结既要有典型的事例，又要通过分析研究，加以理论概括，做到内容生动，有理有据，说理性强，使人在思想上受到启迪，工作上可资借鉴。

（4）结尾。这是经验总结的精髓和结晶。它是通过正文的典型材料及对其分析而概括出的结论，是从大量具体事实中找出的规律性东西，它应反映作者的独到见解。

至此可见，各种类型的成果报告的写作形式是不尽相同的。尽管如此，它们却包含了或者可以归结为前言、正文、结论这个三段式的基本格局。如调查报告可分为引言、正文、结论三个部分；实验报告可分为引言，实验方法、过程和结果，讨论和结论等三个部分；经验总结报告可分为情况概述、经验总结、存在问题和今后意见等三个主要部分。当然，这只是成果报告习惯格式的沿用，并不能限制文章结构形式的创新。成果报告的结构可以根据内容和体裁的不同而灵活掌握，只要能够达到结构完整、层次分明、逻辑镇密、条理清楚的要求，在写作形式上是可以有所不同的。

四、成果报告撰写的基本环节

俗话说，有了好布料，不等于有了好衣服。把第一手研究资料变成成果，需要经过思维加工和文字加工过程，这是一个再创造的过程。要写好成果报告必须抓住以下三个环节：

（一）草拟详细的写作提纲

撰写者必须先筹划好文章的结构，组织材料，草拟提纲。拟定报告撰写提纲的过程，实际上是对所从事的研究工作进行全面总结和构思的过程，对搜集到的大量材料，经过比较、提炼，进行必要的取舍和增删，精选出最有价值的论点和论据，并对篇章的结构、中心思想、内容表达层次，每一章节叙述什么内容，穿插哪些图表、照片，都进行缜密考虑。先列出粗略提纲，然后修改补充为详细提纲。有了详细提纲便可以从全局着眼，开始撰写。

（二）撰写初稿

撰写初稿是撰写过程的中心工作。对成果报告的三个主要组成部分（引言、正文、结论）的写作要求分别阐述如下：

1. 引言

引言是成果报告的开场白。引言部分必须说明进行这项工作的缘由和重要性；前人在这一方面的研究进展情况，存在什么问题；本研究的目的，采用什么方法，计划解决什么问题，在学术上有什么意义等。要求简明扼要，直截了当。不同类型的成果报告还有各自的具体要求，前面已有叙述。应该指出的是，有的人在文章中对前人的工作随意否定，或轻易断言"此问题前人没有研究过"，属于"历史空白"，这是不妥当的。

高尔基说过，开头的第一句是最困难的。成果报告如何开头？有的采用开门见山的方法直入主题；有的提出问题引入主题；有的交代研究的目的要求逐步展开。怎样开头为好，应根据成果报告的内容、写作的风格等因素全面考虑后确定。但必须注意防止面面俱到，不着边际，文不对题；或一步登天，言尽意止，不留余地等毛病。

2. 正文

正文是成果报告的主体，占报告的绝大部分篇幅，是成果报告的关键部分，体现着报告的质量和水平，所以，必须重视正文部分的撰写。

各种不同类型的成果报告在正文部分叙述的内容不尽相同，但要写好正文部分，必须掌握充分的材料，然后对材料进行分析、综合、整理，经过概念、判断、推理的逻辑过程，最后得出正确的观点，并以观点为轴心，贯穿全文，用材料说明观点，做到材料与观点的统一，这是基本的要求。对初学者来说，往往易出现两种毛病：一种是只限于表述自己的论点，而缺乏科学的论证；只有论点，没有材料，缺乏说服力。另一种毛病是罗列大量材料，平铺直叙，看不出其主要论点是什么。出现上述毛病的原因就在于没有能以确凿的论据来说明论点，做到论点与论据的统一。为了科学、准确、生动形象地表达研究成果，提高说服力和可信性，还应减少不必要的文字叙述，而采用图、表、照片来集中反映数据和关键的情节。当然，选用的图、表、照片也要注意少而精，准确无误。

3. 结论

成果报告的结论部分是作者经过反复研究后形成的总体论点，它是整篇报告的归宿。结论必须指出哪些问题已经解决了，还有什么问题尚待研究。有的报告可以不写结论，但应作简单的总结或对结果开展一番讨论；有的报告可以提出若干建议；有的报告不专门写一段结论性的文字，而是把论点分散到整篇文章的各个部分。不论是哪种类型的科学研究报告，都必须总结全文，深化主题，揭示规律，而不是正文部分内容的简单重复，更不是谈几点体会、喊几个口号，写结论必须十分谨慎，措辞严谨，逻辑严密，文字简明具体，不能模棱两可，含糊其辞。

（三）修改定稿

鲁迅先生说过，写作时不要十步九回头，写完后不要一去不回头。任何文章只要仔细审阅，都会发现或大或小的问题。文章写完后必须回头认真修改。

有的人感到修改比写初稿还难，确实如此。因为初稿是自己精心写出来的，自己觉得很恰当的才写进去，要自己去发现哪些地方不恰当就不那么容易。只有对自己高标准、严要求，才能修改得好。修改初稿首先要经过反复审阅，对那些可有可无的叙述要大刀阔斧地砍掉，毫不痛惜。当然，初稿写好后，可以不必马上修改。因为人的思维有"滞后性"，一写完就修改，往往跳不出原构思的"圈子"，所以，搁一段时间后再修改，原先的思路淡薄了，或许能得到新的启发，这时修改的效果就会更好些。

一篇成果报告经过反复修改后，还应当清人指教，再行修改。要有"不耻下问""登门求教"的精神，必须"自以为非"，不可"夜郎自大"。只有经过精雕细刻，精益求精，才能达到比较成熟的程度。

总之，撰写成果报告要有"三严"的精神，即严肃的态度、严谨的学风、严密的方法。报告必须达到"五性"要求，即科学性、客观性、公正性、确证性、可读性。这样的报告才可能是有一定的质量的研究成果。

五、成果报告撰写应注意的几个问题

（一）重点应放在介绍研究方法和研究结果方面

成果报告的价值是以方法的科学性和结果的可靠性为条件的，而这两者又有内在的联系，因为只有研究方法是科学的，才能保证研究结果是可靠的。人们阅读或审查成果报告，主要关心的是如何开展研究，在研究中发现了什么问题，这些问题解决了没有，是如何解决的，研究结果在现阶段达到什么程度，还有什么问题需要继续解决等。因此，写作成果报告，主要精力应花在方法和结果部分，把研究方法交代清楚，使人感到该项研究在方法上无懈可击，从而不得不承认结果的可靠性。

（二）理论观点的阐述要与材料相结合

在成果报告中怎样使自己的论点清晰有力地得到论证，这是应关注的核心问题。论点的证实除了必须依靠逻辑，成果报告一定要有具体材料，尊重事实，从事实中列出观点。

首先在论述过程中要处理好论点与事实的关系。要求研究者首先选好事实。除了要注意事实的典型性、科学性以外，还要善于用正反两方面的事实来说明问题；揭示出普遍规律。其次要恰当地配置事实。用事实来论证，主要是为了帮助人们理解不熟悉的论点，支持新的论点和批驳旧的错误的论点，阐明蕴含丰富而深刻的论点。但并非所有的论点都要用大量的事实来论证。

（三）要实事求是

分析讨论要不夸大，不缩小；敢于坚持真理，不为权威或舆论所左右；在下结论时要注意前提和条件，不要绝对化，更不要以偏概全，把局部经验说成是普遍规律。

第三节　表达的思维架构

课题研究报告是对课题研究理论与实践的概括与总结，是课题研究成果的重要表现形式。课题研究报告的写作过程是对研究课题进行理性思考和理论建构的过程。从思维角度来说，课题研究报告需要解构思维、灵感思维、逻辑思维和收敛思维。

一、解构思维

（一）关于解构与解构思维

解构不是一种彻底的颠覆，它是一种打破旧结构建构新结构的策略，它颠覆原中心，将旧结构中受压制的一面置于一个显要的位置；注重开发已有结构中的边缘性的因素，以补充它的中心因素；从旧结构不断走出回归，从中引发出一种新结构。

解构思维就是依据已有作品的"旧素材"，通过剪编，建构另类新作品的创新思维活动。特点一：这一新作品的思想内涵不同于原作品的思想内涵，既不是照单抄袭，也不是针对原作品思想的调侃，而是"新思想"。特点二：在这个过程中，作者创造的是"思想"，是"结构"，而不是"素材"。

（二）解构思维的心理活动流程

1. 解读和认知参照物

即阅读和欣赏原作品，体悟原作品的艺术思想、艺术魅力和艺术结构，捕捉新的创作灵感。

2. 构思"解构作品"的主题思想

在解读过程中，理出新的创作思路，确定解构作品的主题思想。

3. 肢解参照物，剪辑素材

根据新的主题思想拆解原作品，肢解出适应新主题的"片断素材"。

4. 编辑素材，创造新作品

根据新的主题思想将"片断素材"按照新的创作思路重新编排，建立新的模式结构，形成新的作品，彰显另类艺术。

【案例5】课题"合作学习中的问题与策略研究"成果简介

▶ 问题

（1）分组不够合理。

（2）未建立合作学习机制，组内自由松散。

（3）学生合作意识差，无合作的内在需求。

（4）学生不知合作之法，缺乏合作之能。

（5）重形式轻有效价值。

（6）未建立评价体系，"三重三轻"突出。其主要表现：重个体评价轻小组评价；重学习成果评价轻合作意识、合作方法、合作技能评价；重课堂随机评价轻定期评价等。

▶ 策略

（1）合理分组巧排座，相对稳定适度调。

a. 组内异质、组间同质原则；

b. 因地制宜、合理排座原则；

c. 因势利导、机动灵活原则。

d. 适度调整原则。

（2）健全机制明分工，角色轮换定期担。

a. 制定组长产生的办法。如推选法、竞选法、特殊指派法；

b. 确定组内角色（岗位），制定角色的职责，明确分工；

c. 制定角色轮换担任制度。

（3）创景教育多体验，培养意识添内需。

a. 让学生懂得"发展来自于合作"；

b. 自我教育，体会合作的重要性；

c. 自我体验，树立合作意识。

（4）导法悟法学合作，掌握技能会合作。

a. 教师的示范点拨与学生的领悟自得相结合，让学生构建合作学习之法。引导学生将合作之法编成口诀，如：

合作方法七字诀

个体自学奠好基，互教互学同进步。

辅导组员齐参与，游戏竞赛勇争先。

讨论切磋共学习，切块拼接出成果。

首席发言组员补，悟法用法学合作。

b. 教师的点拨训练和学生领悟自得相结合。引导学生将合作技能编成口诀。如：

合作技能七字诀

表达紧紧扣中心，有根有据说得清。

倾听专心不插嘴，注视对方动脑筋。

支持对方露微笑，点头鼓掌竖拇指。

说服他人表明理，话语委婉少批评。

求助别人要虚心，得到帮助表谢意。

帮助同学有热情，诲人不倦解疑难。

反思自己有勇气，敢于认错学别人。

建议之前多思考，敢于创新献良策。

自控守纪听安排，融入集体留个性。

协调沟通求大同，交往合作齐向上。

（5）把握教材重学情，选准目标（合作点）求实效。

a．合作点明确适当具有探索性、开放性、挑战性；

b．挖掘教材，选准合作点，设计好预案；

c．关注学情，挖掘合作点，调整预案，顺学而导；

d．构建模式，精心组织。

（6）研究评价建体系，激活内因促发展。

a．研究、构建合作学习的评价体系；

b．做到三个结合——课堂随机评价与定期评价相结合；小组自我评价与小组互评、教师评价相结合；小组成员自评与互评相结合。

▶ 效果

（1）学生的合作意识明显增强，学习的方式明显转变。

（2）学生掌握了合作方法，合作能力明显增强。

（3）语文素养明显提高。

（4）学生相互了解，关系和谐了。

案例5中课题组围绕合作学习中的问题与策略两个方面进行解构，问题部分从合作学习中的分组、学习机制、合作意识、合作方法、合作价值、评价体系等六个方面进行解构，提出"新看法"；在策略部分针对存在的六大问题总结、提炼"新做法"；在效果部分从学生的意识、方法、素养以及学生间的关系提炼了"新成果"。

二、灵感思维

（一）关于灵感思维

灵感思维是思维主体在实践基础上获得了某事物或问题的大量信息并对这些信息进行了较长时间的思考仍未认识该事物的情况下，调动潜意识活动达到一定程度而与显意识活动通力协作，使对该事物的认识产生顿悟或突然质变的一种高级创造性思维活动。

（二）灵感思维的特点

（1）突发性和模糊性。由于是没有在显意识领域单纯地遵循常规逻辑过程所形成，所以灵感直觉思维产生的程序、规则以及思维的要素与过程等都不是被自我意识能清晰地意识到的，而是模糊不清、"只可意会不可言传"的。

（2）独创性。独创性是定义灵感思维的必要特征。不具有独创性，就不能叫灵感思维。

（3）非自觉性。其他的思维活动都是一种自觉的思维活动，灵感直觉思维的突出性必然带来它的非自觉性。

（4）思维灵活活动的意象性。在灵感直觉思维活动过程中，潜意识领域或显意识领域总伴有思维意象运动的存在。没有意象的暗示与启迪就没有思维的顿悟。

（5）思维高度灵活的互补综合性。思维高度灵活的综合互补性是其思维的重要特征，如潜意识与显意识的互补综合、逻辑与非逻辑的互补综合、抽象与形象的互补综合等等。

（三）灵感思维的应用

（1）久思而至。指思维主体在长期思考竟无果的情况下暂将课题搁置，转而进行与该研究无关的活动。恰好是在这个"不思索"的过程中，无意中找到答案或线索，完成久思未决的研究项目。

（2）梦中惊成。梦是以被动的想象和意念表现出来的思维主体对客体现实的特殊反映，是大脑皮层整体抑制状态中，少数神经细胞兴奋进行随机活动而形成的戏剧性结果。并不是所有人的梦都具有创造性的内容。梦中惊成，同样只留给那些"有准备的科学头脑"。

（3）自由遐想。科学上的自由遐想是研究者自觉放弃僵化的、保守的思维习惯，围绕科研主题，依照一定的随机程序对自身内存的大量信息进行自由组合与任意拼接。经过数次，乃至数月、数年的意境驰骋和间或的逻辑推理完成一项或一系列课题的研究。

（4）另辟新径。思维主体在科学研究过程中，课题内容与兴奋中心都没有发生变化，但寻解定势却由于研究者灵机一动而转移到与原来解题思路相异的方向。

（5）原型启示。在触发因素与研究对象的构造或外形几乎完全一致的情况下，已经有充分准备的研究者一旦接触到这些事物就能产生联想，直接从客观原型推导出新发明的设计构型。

（6）触类旁通。人们偶然从其他领域的既有事实中受到启发，进行类比、

联想、辩证升华而获得成功。他山之石，可以攻玉。触类旁通往往需要思维主体具有更深刻的洞察能力，能把表面上看起来完全不相干的两件事情沟通起来，进行内在功能或机制上的类比分析。

（7）豁然开朗。这种顿悟的诱因来自外界的思想点化，主要是通过语言表达的一些明示或隐喻获得。豁然开朗这种方法中的思想点化，一般来说要有这样几个条件：一是"有求"，二是"存心"，三是"善点"，四是"巧破"。

（8）见微知著。从别人不觉得稀奇的平常小事上敏锐地发现新生事物的苗头，并且深究下去，直到做出一定创建为止。见微知著必须独具慧眼，也就是用眼睛看的同时配合敏捷的思维。

【案例6】在撰写课题"基于差异的个性化课堂实践研究"报告时，在收集的素材中有关于评价方面的现象：在一名学生发言完毕后，马上会问其他学生"还有更好的吗？"；考试结束后，在做学生的思想工作时，对排名最后学生会说："不要害怕自己是倒数第一。"对第一名学生会说："没有最好，只有更好。"……这是一种什么教育评价？对学生心理有何影响？如何进行矫正？经过对案例的整理与思考，经过几天的不断追问与审视，定义了"暗示性消极评价"——师生在无对抗态度的条件下，教师通过言语等对学生进行肯定、表扬的积极评价，同时又用含蓄间接的方法对学生进行否定、批评的消极评价，以此达到对学生的心理和行为产生影响的目的。

三、逻辑思维

（一）关于逻辑思维

逻辑思维是人们在认识过程中借助于概念、判断、推理等思维形式能动地反映客观现实的理性认识过程，又称理论思维。它是作为对认识着的思维及其结构以及起作用的规律的分析而产生和发展起来的。只有经过逻辑思维，人们才能达到对具体对象本质规定的把握，进而认识客观世界。它是人的认识的高级阶段，即理性认识阶段。逻辑思维具有规范、严密、确定和可重复的特点。

（二）逻辑思维的应用

1. 分析与综合

分析是在思维中把对象分解为各个部分或因素，分别加以考察的逻辑方法。综合是在思维中把对象的各个部分或因素结合成为一个统一体加以考察的逻辑方法。

2. 分类与比较

根据事物的共同性与差异性就可以把事物分类，具有相同属性的事物归入一类，具有不同属性的事物归入不同的类。比较就是比较两个或两类事物的共同点和差异点。通过比较就能更好地认识事物的本质。分类是比较的后继过程，重要的是分类标准的选择，选择的好还可导致重要规律的发现。

3. 归纳与演绎

归纳是从个别性的前提推出一般性的结论，前提与结论之间的联系是或然性的。演绎是从一般性的前提推出个别性的结论，前提与结论之间的联系是必然性的。

4. 抽象与概括

抽象就是运用思维的力量，从对象中抽取它本质的属性，抛开其他非本质的东西。概括是在思维中从单独对象的属性推广到这一类事物的全体的思维方法。抽象与概括和分析与综合一样，也是相互联系不可分割的。

【案例7】课题"中小学创造性美术教学研究"成果报告简介

▶ 关于美术的本体意义

美术，又称造型艺术或视觉艺术。它包括绘画、雕塑、工艺美术、建筑艺术等领域。它具有形象性、直观性、可视性的特点。它内涵两个层面，即：对"美"的发现和认识、感悟，从"术"的技术层面去表现和创造美。

▶ 课题研究与解决的问题

● 课题研究的问题

（1）当前中小学传统美术教学中对学生创造能力培养的阻碍因素。

（2）创造性是美术教学的本质。具体如下：

a. 创造能力的培养是我国素质教育进行课程改革的必要要求；

b. 创造性美术教学的目标；

c. 创造性美术教学的原则：民主性原则、主体性原则、自主性原则、开放性原则。

● 课题研究解决的问题

（1）探索创造性美术教学中培养学生能力的教学原则和方法。

（2）改革旧的美术教学方法和学习方法。

（3）改革、整合有利于学习兴趣和培养学生创造能力的教学内容。

▶ 具体措施

（1）将现行教材进行改革、整合，突出学习内容的趣味性和创造因素。

a. 分成板块把相同或相近的学习内容相对集中；

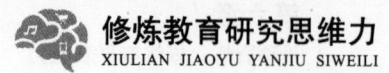
b．删去繁、难、偏内容，降低难度，激发学生学习兴趣；

c．加入一些乡土和校本课程。

（2）创造性美术教学的教法与学法改革。

a．创造性美术教学研究实验的教学设计；

b．创造性美术教学研究实验的组织教学形式和教学策略；

  教学环节，即：激趣乐学—师生互动—探究创新—评价发展；

c．教学方法与学习方法的研究。

▶取得的效果

（1）通过实验，促使美术课堂教学进行了改革，提高了教学质量。

A．转变了教育观念，改革了美术课堂教学方法与学习方法。

a．改变过去以教师为中心的教学方式，变为以学生为主体，以学习为中心、师生关系融洽的学习方式，突出学习的参与性、自主性，教会学生学会学习；

b．学生不再是被动接受学习，而是主动参与、自主学习和探究式学习。

B．提高了美术教学质量。

（2）通过实验，激发了学生学习兴趣，促进了学生创造性思维品质的养成和创造能力的提高。

a．激励学生敢于想象、质疑与探究，促使学生养成良好的创造性思维品质：求异思维能力、发散思维能力、形象联想能力。

b．提高了学生的美术创造能力和美术作品创作质量。

（3）提高了课题实验教师的素质，增强了教师的教育科研能力。

a．通过实验研究，教师们系统研读了国内外有关创造学理论和教学理论，转变了思想，更新了观念，自觉步入课程改革行列，提高了教育教学水平和专业业务素质；

b．提高了教师的教育科研水平，增强了教学实验的研究能力。

（4）形成了创造性美术教学实验教学案例集。

案例7应用逻辑思维方式，建构了报告的"内涵—问题—措施—效果"结构体例，采用分析与综合、分类与比较、归纳与演绎、抽象与概括等方法提炼了研究成果。

四、收敛思维

（一）关于收敛思维

收敛思维也叫做"聚合思维""求同思维""辐集思维"或"集中思维"，是指在解决问题的过程中，尽可能利用已有的知识和经验，把众多的信息和解题的可能性逐步引导到条理化的逻辑序列中去，最终得出一个合乎逻辑规范的结论。

收敛思维也是创新思维的一种形式，与发散思维不同，发散思维是为了解决某个问题，从这一问题出发，想的办法、途径越多越好，总是追求还有没有更多的办法。而收敛思维也是为了解决某一问题，在众多的现象、线索、信息中，向着问题一个方向思考，根据已有的经验、知识或发散思维中针对问题的最好办法去得出最好的结论和最好的解决办法。

（二）收敛思维的特征

1. 封闭性

如果说发散思维的思考方向是以问题为原点指向四面八方的，具有开放性，那么，收敛思维则是把许多发散思维的结果由四面八方集合起来，选择一个合理的答案，具有封闭性。

2. 连续性

发散思维的过程，是从一个设想到另一个设想时，可以没有任何联系，是一种跳跃式的思维方式，具有间断性。收敛思维的进行方式则相反，是一环扣一环的，具有较强的连续性。

3. 求实性

发散思维所产生的众多设想或方案，一般来说多数都是不成熟的，也是不实际的，我们也不应对发散思维做这样的要求。对发散思维的结果必须进行筛选，收敛思维就可以起这种筛选作用。被选择出来的设想或方案是按照实用的标准来决定的，应当是切实可行的。这样，收敛思维就表现了很强的求实性。

（三）收敛思维的应用

1. 目标确定法

平时我们碰到的大量问题比较明确，很容易找到问题的关键，只要采用适当的方法，问题便能迎刃而解。但有时，一个问题并不是非常明确，很容易产生似是而非的感觉，把人们引入歧途。

这个方法要求我们首先要正确地确定搜寻的目标，进行认真的观察并作出判断，找出其中关键的现象，围绕目标进行收敛思维。

目标的确定越具体越有效，不要确定那些各方面条件尚不具备的目标，这就要求人们对主客观条件有一个全面、正确、清醒的估计和认识。目标也可以分为近期的、远期的、大的、小的。开始运用时，可以先选小的、近期的，熟练后再

逐渐扩大。

2. 求同思维法

如果有一种现象在不同的场合反复发生，而在各场合中只有一个条件是相同的，那么这个条件就是这种现象的原因，寻找这个条件的思维方法就叫求同思维法。

3. 求异思维法

如果一种现象在第一场合出现，第二场合不出现，而这两个场合中只有一个条件不同，这一条件就是现象的原因。寻找这一条件就是求异思维法。

4. 聚焦法

聚焦法就是围绕问题进行反复思考，有时甚至停顿下来，使原有的思维浓缩、聚拢，形成思维的纵向深度和强大的穿透力，在解决问题的特定指向上思考，积累一定量的努力，最终达到质的飞跃，顺利解决问题。

【案例8】在撰写课题"构建生态校本教研系统促进教师专业发展"的报告时，研究措施部分面对研究过程中积累的成百上千份原始资料，利用收敛思维建构如下体系：

1. 建立校本教研工作责任机制

（1）建立"四层一体"责任机制。

（2）营造有利于校本教研的舆论氛围。

2. 构建研究的目标体系

一是教育行政机构、教研部门层面。主要包括：

（1）发挥教育行政机构的"行政"功能。

（2）发挥教研部门的"三大"职能。

二是学校层面。主要包括：

（1）教师专业发展的价值观。

（2）教师专业发展的目标与任务。

3. 实施"三大策略"

（1）驱动策略：为教师专业发展创设外部环境。

（2）互动策略：为教师专业发展创设团队氛围。

（3）主动策略：为教师个人专业成长搭建阶梯。

4. 建立"六大"操作体系

（1）"1"——建立一个管理模式。

（2）"2"——形成"两纵分片"的教研机制。

（3）"3"——搭建三维平台：学习平台、交流平台、实践平台。

（4）"4"——健全完善四项制度。即：

①"十二个一"制度；②教师专业成长档案盒制度；③论文、案例集制度；④系列考评制度。

（5）"5"——选择实施五种操作模式。即：

①个人自我指导模式；②观察、评估模式；③参与发展模式；④培训模式；⑤探究模式。

（6）"6"——开展六种活动。即：

①创建"智慧校园"活动；②形式多样的培训活动；③教学视导活动；④教师综合素质训练活动；⑤"一对一"帮扶活动；⑥"请进来，走出去"活动。

5. 建立健全评价体系

（1）建立评价制度，发挥行政导向。

（2）开展过程调研，强化行政督导。

（3）制定规章制度，落实政策保障。

第四节　表达的基本策略

中小学教育科研成果有三种境界，初级境界是能够完整而规范地介绍自己的一些独特想法或做法，这是一种浅析或初探；中级境界是能够广泛吸纳国内外相关研究成果，通过科学研究，总结出较为系统的、具有一定创新性的研究成果，这是一种研究性成果；高级境界是总结出的教育教学规律具有较强的系统性与创新性，并且能经得起多次实践或其他理论的检验，这是一种系统性创新。科研成果提炼的基本策略包括：

一、成果物化策略

成果物化是指在中小学教育科研活动中，按照问题解决的特定逻辑结构，以一定的物质形态来反映对研究的问题的认识与改造技术。它是集中展现中小学教育科研结果的必需工作。

（一）把握核心，突出创新，精雕细琢

中小学教育科研活动是在课题的核心概念引领下的改造教育教学实践的活

动。一切研究成果都要从实践出发并回归于实践。因此，中小学教育科研成果物化必须把握问题解决这个核心，使成果从问题与实践中生成，并在解决问题与优化实践中成熟与完善。

只有独特的认识才会产生独特的实践，平庸的认识只会产生平庸的实践。成果物化必须抓住问题解决这一核心，加强对问题的多方面的分析和比较，从独特的角度对问题进行认识和分析，积极开展相关实践，形成确有实效的独特的解决问题的方式。对于基本认识类成果来说，就是应努力从揭示问题的本质入手，准确地揭示研究的问题所存在的基本属性与内在矛盾，提出解决问题的策略；对于技术操作类成果来说，就是要从基本的认识出发，将解决问题的思路、策略具体化，使之真正具有现实操作性；对于实践探索类成果来说，就是要着眼于具体问题的有效解决，客观地反映对问题的认识与解决过程。无论哪类成果，都应有利于广大教育工作者顺利地学习、借鉴、利用，真正实现成果从实践中生成，在实践中优化。

每一项高质量的成果都不可能一蹴而就。它需要经历从实践中来、到实践中去、不断地反复验证与完善的过程。研究者应当结合实践，加强自觉的批判性反思，从成果的定位到表达，从内容到形式进行全面深入地推敲、完善、斟酌，使之不断接近并最终揭示问题的本质。

（二）整体设计，突出重点，同质异形

对成果的整体设计是以对问题的深刻认识与具体分解为基础的。它是中小学教育科研成果物化中的一项重要工作。一旦忽略了对成果的总体设计，那么，成果极可能变得零散、琐碎，难以全面反映问题解决的思路、方法。就整体设计来看，它既包括成果本体的设计，如对问题的基本认识、解决问题的基本策略、技术等，又包括成果完成的保障条件的设计，如成果应当完成的时间、责任人、完成方式等。其中，对成果本体及其具体方向的设计是重点，其核心在于揭示成果的逻辑结构。实践中，成果的物化应当围绕研究的问题进行，尤其是要突出基本认识、整体实践、具体操作等不同层次的成果的设计，特别是要注意抓住其中的闪光点，将其结合实际情况加以及时的收敛，实施分类物化，使成果能够既具有相当的科学性、系统性，又能够切实解决实际问题。

作为一项科学的、完整的研究成果，它是由不同的构件（单项成果）组成的。不同的构件（单项成果）按照特定的逻辑结构组合在一起构成一定的体系，共同促进问题的解决。成果物化者应当着眼于个人承担的研究任务和课题研究的总体任务的协调完成而思考具体的成果题目、观点及物化成果的策略。

首先，基本认识类成果要强调科学。科学地梳理出对课题的一些基本问题的认识，不仅可以使课题研究的成果立足于扎实的理论基础，而且有助于研究成果在更大范围内的进一步推广应用。因此，对课题涉及的一些基本问题的理解、阐释、界定，是课题研究与实践得以进行的认识基础或理论基础。必须重视对课题的基本问题的系统梳理和总结，并结合研究的实际情况加以及时的物化。完成认识类成果的及时物化，不仅可以为其他类型的成果物化奠定基础，而且有利于促进研究实践活动的顺利开展。

其次，操作技术类成果要突出实用。操作技术类成果既是认识类成果的具体运用，又是实践探索类成果的具体指导，是二者之间的桥梁。从物化来看，一要及时，二要准确，力求体现教育规律，便于广大中小学教育工作者理解、运用，以求在更大范围内发挥更大的效益。同时应当借助行政和业务部门的力量，把它转化为常规要求，并在实践中验证之、完善之。

再次，实践探索类成果要追求个性。教学有法，教无定法。不同的学科、不同的教育对象、不同的施教主体，决定了对教育实践的改造和优化是各种各样的，也决定了教育科研成果的构成是丰富多彩的。在物化成果时，每个研究者都应当总结和提炼出各自在实践中最得意、最擅长的成果，反映个体对所需解决的问题的独特认识与实践。

改造实践、解决问题是中小学教育科研活动的重要目的之一。但是，由于不同的研究阶段的研究目的、任务不同，每个研究者的知识背景、参与程度、认识问题与解决问题的视野、思路存在着差异，因此，同一成果应该允许有不同的表现方式。研究者在提炼和总结成果的时候，一方面应当努力追求以文字、音像、实物、活动等不同的形式对成果加以表达；另一方面要用不同的方式对同一成果进行表达，譬如，用文字来表达某一成果就可以有论文、表册、案例、随笔、故事等。成果的不同表现形式可以方便不同的读者更好地理解、运用该成果，进而使成果焕发更强的生命力。

（三）分类整理，去粗取精，总体呈现

全面、有序地反映课题研究的运行思路和实际进程，是对中小学教育科研成果的一项基本要求。中小学教育科研活动作为一项群众性的研究活动，因其参与的人数多、水平差异大，所形成的成果在质量上也存在着较大的差异，应当从众多的研究实践中将反映研究特色的认识与实践的内容提炼出来进行科学表达，使

之反映实践中规律性的东西，并按照成果的不同类型与形态进行整理，从总体上明了应当解决的问题与必须开展的实践，体现研究者认识问题、分析问题、解决问题的基本脉络。

要达到上述要求，需要经历成果收集、整理、选择、汇编等环节，可以考虑按照"依性划类，按时分序；分类整理，分层定序；优胜劣汰，展现特色"的原则对已有成果进行比较、选择等。首先，按照问题解决的逻辑结构，把成果分成若干类型。具体地说，就是要着眼于问题解决的全程，着眼子问题的各个方面，着眼于不同的层次谋求解决问题来反映成果。如：对现状的认识与把握→对基本概念、研究对象的分类与特点等的认识→具体化的指导思想与技术→具体化的实践操作→实践中的问题与反思→具体学科或实践活动对成果的运用。其次，要着眼于展现研究与实践的特色，明确选择的标准。按照成果是否突出了研究的主题，是否符合课题研究的总方向，是否展现了问题的特殊的逻辑结构；成果内容阐述是否清晰，是否注重事理结合；其立意是否与教育教学改革与发展相适应等标准选择那些能够展现研究与实践的特色的成果，并将选择出的优秀成果按照有利于问题解决、有利于展现思路和特色的原则加以集中呈现。

二、价值彰显策略

价值彰显是指在中小学教育科研成果提炼过程中，按照研究中各环节、各要素之间的轻重缓急、主次关系，以彰显研究核心价值观为主要内容的表达策略。

（一）重视成果的核心"点"

1. 第一点："问题"

即，改革究竟指向什么"问题"，解决了什么问题。或者说，改革的"原始冲动"是什么？在研究过程中，问题的选择，影响着改革的"价值""走向"。在挖掘、表达成果时，问题的表达，影响着成果的"价值""意义"。

2. 第二点：改革的主张和措施

即，在解决这样的问题，开展教育改革上，所采取的教育观和途径、具体办法等。它是实现改革"目的"的一系列的、在实践中发展起来的"操作"。其中的"主张"往往就是对改革的"价值""走向""意义"的集中表达。一项改革、一项研究，一开始就有假设性的"主张和措施"。成果中的"主张和措施"与改革、改革研究之初的"主张和措施"有一定相似、相关，但它们并不相等。成果中的"主张和措施"是与"成果所解决的问题"，与"改革的效果"有关的那些"主张和措施"。

3. 第三点："效果"

▶ 什么是"效果"

即教改研究所取得的教育改革绩效、效益。或者说，"效果"即教育改革带来的教育改变。广义的"成果"包含效果。侠义地说，成果只指改革的经验、认识。即前述"问题""主张和措施"等。"效果"是一项优秀教改研究成果的重要组成部分。

▶ "效果"的意义

首先，"效果"是检验、说明改革是否成功的"证据"，因而是评价、判断成果是否优秀，是否能获奖的要件。

其次，"效果"是倒推"我们这项改革解决了什么问题"，倒推"我们这项成果的重要主张和关键措施是哪些"的"线索"。因此，成果的总结最好从效果的梳理开始。

▶ "效果"的表达

"效果"是改革带来的变化。这样的变化反映在"学生的相关变化""教师的相关变化""教育活动方式、体制的变化"等三个方面。寻求对"效果"挖掘、表达的深化，其基本思路就是从"价值"分析、和"活动"表达两点上着力。

▶ 发现"效果"的一些简便方法

要能在成果总结阶段发现"效果"，首先得在改革实践的实施阶段有"效果"发生。简言之，当我们在发现和说明"效果"上"卡壳"时，不外乎两个原因：一是方法问题；一是"没有效果"。当一项改革"乏善可陈"时，又不外乎两个原因：一是改革措施本身就缺乏改革的效力；一是改革措施停留在宣传上、书面上，未落实在行动上，未转化为"育人的活动"。

（1）经验比较法。那些令人兴奋、感动、震动的教育活动"结果"背后一定隐藏着有价值的教育改革效果。常常通过讲故事的途径而被捕捉到。而这意味着我们在成果总结阶段一定要广泛地组织参与改革的"知情人"座谈。这一方法的实质是"以专业的经验来比较"。

（2）价值说明法。对"效果"的判断与说明，与"价值取向"有关。

（3）"活动"表达法。主张更多地从"过程""运动"的视角处理"效果的表达"。

4. 第四点：价值观

即，此项改革、此项成果的"价值意义"。或者说，此项成果的教育改革与

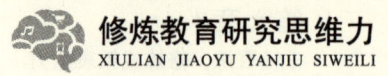

发展意义。

价值观不仅体现在"效果"上，也体现在"问题"与"主张及措施"上。

5. 第五点：活动观

即，效果、主张及措施、问题都通过一定的"活动"来体现。

（二）重视成果的理论建构

1. 关于理论

据《现代汉语词典》的解释，理论有三个含义：一是指人们关于事物知识的理解和论述；二是指辩论是非、争论和讲道理；三是一个组织起来的概念体系，可以用来解释一种或一系列现象。在中小学教育科研中，我们的理解是：理论是提供一个或一组观察问题的方式；理论是由一系列的研究观点所构成思考和解决问题的体系。作为课题研究者要有如下理论意识：

一要抽象个人理论。在教师每一个具体的教育教学行为背后都内隐着个人教育理论，这种教育理论服务于独特而具体的教育情景和教育问题，也是教师日用而不知的内隐的个人化知识。如何将实践经验抽象为个人理论呢？一般要经历"三步"：首先，要有意识地自我反思。由于受个人经验背景的影响，教师个人的实践经验不可避免地含有不合理的成分，因此，教师将实践经验抽象为个人理论的基本途径就是要在实践中有意识地、理性地反思自己的教育教学行为，要按照"确定内容—观察分析—重新概括—验证假设—改进完善"的反思流程，对教育教学现象或教学问题进行反思，反思时，不仅要反思教育教学技术，更重要的是要反思其背后的观念。同时要在"行动—观察—分析与评价—重建—新的行动"这一无限循环的实践过程中不断检验。接着，要让内隐的个人理论显性化。教师要采用教学札记或录像等方式对自己的教育教学行为进行追问，反复思考我这样做意味着什么？我为什么要这样做？我这样做的理论依据何在？我是怎样想的？等问题，找出教育教学行为中实际潜藏着的基本理论，并进一步提炼出个人理论"是什么""有哪些"，从而使个人理论成为"显性理论"。最后，要让个人理论理性化。教师要剖析显性化的个人理论的合理性和适当性，与先进公共教育理论相比较，甄别个人理论中哪些成分与时代精神相符合，哪些因素欠合理，深入思考和充分说明为什么合理，为什么不合理，以促进个人理论更加深化和理性化。

二要学习公共理论。教师学习公共理论的一个重要途径就是多读教育理论书籍。教师要努力学习教育教学理论，学习先进的教育教学思想、方法和艺术，不断借鉴别人的经验，以增加自己的理论库存量，做好教育理论的储备、方法的储备和知识的储备。要不断学习各种相关学科的知识，诸如心理学、教育学、教育哲学、教育美学、教学、学习论、新信息学等学科方面的知识；要学习先进教师成功的教育教学经验，以丰富自己的知识视野，积淀理论素养和科学蕴藏，积累宝贵经验和科学方法。因为读书的过程其实就是一种在积极调动自己已有的经验背景基础上，深刻而独特地去体验、理解、感悟公共教育理论和再造教育理论的过程，所以坚持读书无疑能够提高教师的理论水平。

三要将公共理论内化为个人理论。教师将公共教育理论内化为个人理论的重要方法是多积累、勤动笔。教师要养成坚持写教育教学随笔的习惯，对于一些好想法、教学好思路，或教育教学中成败得失的典型例子，教育报刊上独到的教育新思想、教学新方法、典型案例等随时记下来；对教育教学中出现的新问题、新情况及时观察发现，认真捕捉、思考、研究，运用各种方法加以解决，以总结经验教训；要善于发现教材中的疏漏和错误，并大胆质疑；要从多角度设立多种方案思考和解决问题，在新理论、新思想指导下，敢于大胆设想，提出自己独特的教育教学构想，并进行大胆探索实践。将这些教育教学现象或教学问题融进先进的教育教学理论，融进自己的思考和做法，用文字加工整理出来。

2. 建立理论模型

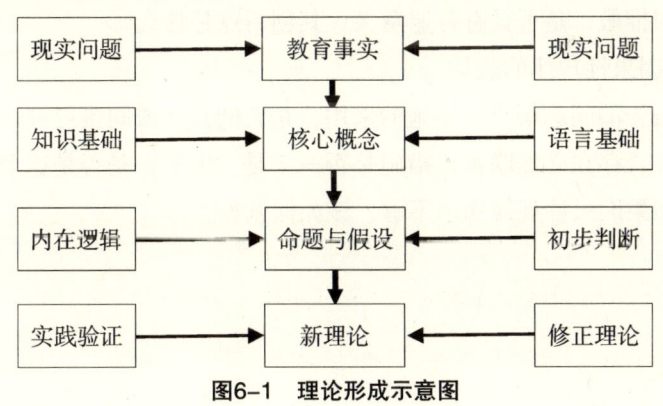

图6-1 理论形成示意图

强调解决学校实际问题，探讨"怎么做"才是最有效的。条件成熟时，可采取理论建模的策略。抓住几个要点：

要点一：将研究对象视为一个系统，并作分析。

要点二：这个系统具有一定的结构性，包含诸多相互联系的要素。

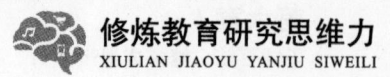
要点三：建立各要素之间的内在逻辑关系。

要点四：描绘并呈现结构化框架。

（三）重视成果质量提升

1. 重视成果的结构化

"问题的提出""主要研究内容""研究方法""理论依据、实践依据、政策依据"等，是关于所有研究报告的一种"格式"、一种"逻辑安排"。不能简单地把这种"格式"作为一项具体的"成果报告""研究报告"的各级"标题"，那样会使"标题"缺乏应有的"逻辑力量"。

从整个研究报告的谋篇布局审视，问题是否响亮，措施是否有力，效果是否明显，问题、措施与效果三者之间是否因果关系，整个研究报告是否具有内在的逻辑关系。

2. 重视成果的命名

成果名称中的概念应该是体现成果要点、亮点的"主题词"。成果表述文本中的各级"标题"应该能够表达成果的"主要信息""主要特点"，并使各级标题相互支撑，投射"成果"的"主要意义"。

3. 嫁接和融合既有的理论体系

新建立的理论体系是否符合现代教育理论，是现有什么理论的发展与延伸，是否能经得起推敲，是否具有普遍意义，其创新点是什么。

4. 做出因果性规律的表达

对研究报告的问题解决、措施的采用，是否能直接或间接得到研究成果，它们三者之间是否存在必然联系，措施是否一定是"因"，是否是这个"因"带来的"果"，如果因果性规律揭示不够，该如何调整。

第七章
触类旁通，修炼应用创新力

第一节　创新在实践中

创新力又称创新能力，是人们革旧布新和创造新事物的能力。创新力是一种人格特征和精神状态以及综合素质的体现，彰显了教师教育研究的智慧与魅力，是克服固步自封、不思进取的利器。创新的关键是观念创新，需要智慧和勇气，能够敢为人先，不惧怕失败。教育科研的创新力，就是要求研究者要有如饥似渴地汲取知识的欲望、强烈的创新意识；要有强烈的不满足现状、对自身不断进步的追求；要有善于寻找差距、发现自己不足，能把握时代的脉搏，不断地更新自己的知识；要能够从多角度、多方向上去思考问题，敢于突破思维定势、打破常规，富有改革精神；要学会独立思考问题，克服从众心理，看问题能够抓住事物的本质，从更高的层次上去寻找解决问题的方法。

一、现场扫描

中小学教育科研成果推广应用是指在新的教育场境中运用已有的成果对面临的实际问题加以认识与解决的活动。中小学教育科研成果推广应用的目的是为了在更大范围内发挥成果的价值，大面积提高工作效益。它是中小学教育科研的自然延续。但是中小学教育科研成果推广应用存在如下现象与问题：

【现象一】束之高阁

【案例1】一项调查表明：超过六成的中小学教育科研成果未得到推广、应用，科研成果躺在书柜里睡大觉。

【问题诊断】造成这种现象的原因固然比较复杂，其中与当前重科研轻推广、重成果轻应用的社会氛围有直接的关系，其根源是"为职称而科研""为科

研而科研"——功利化的价值取向。

【问题一】推广应用无人问津

【现象二】半途而废

【案例2】一些教育行政部门以下发红头文件的形式要求推广某个成果，但有时也会因未考虑教育对象、教育环境和成果应用者的自身条件等因素而出现"一刀切"的现象。在这种行政命令的外部强制推行下，广大教师在推广应用某个成果时，大多只对结果感兴趣，而对课题研究的艰辛过程望而却步，遇到难题就打退堂鼓，半途而废。

【问题诊断】成果的推广需要一定的条件，比如推广单位的教学设施、设备、教师对此的领悟程度等，事实上，没有任何一项成果可以放之四海而皆准，需要进行推广前的论证。

【问题二】成果推广不因校制宜

【现象三】鹦鹉学舌

【案例3】在某项成果推广中，推广者要么不知道究竟在推广什么或为什么要推广，要么无法理解成果所蕴含的教育思想精髓，得其形而忘其神，盲目模仿，不得要领。

【问题诊断】任何优秀的教育科研成果都是为了解决某个现实的教育教学问题而产生的。但在推广应用的过程中，成果应用者们往往不能亲身感受这些问题，也很少对课题的研究目标加以分析和揣摩，其推广应用带有很大的盲目性。

【问题三】成果推广盲目模仿

其实，大力推广教育科研成果，不仅能较快地转变教学观念，改进教学方法，提高教学质量，同时还是一条建设师资队伍、提高教师素质的有效途径。这对教育改革的发展和深化都具有极其重要的意义。

二、创新在实践中

教育科研创新的源头是实践。实践孕育着巨大研究资源，也为研究"灵感"提供了平台。教育科研的一切创新认识、创新成果、创新理念、创新看法、创新观点均来源于实践。"惟改革者进，惟创新者强，惟改革创新者胜"。创新在实践中，这是因为实践是检验创新的一把尺子，真创新与假创新要靠实践来检验，创新的深度与广度要靠实践来验证；这还因为创新不能到主观领域内去寻找，不能到理论领域内去寻找，思想、理论自身不能成为检验自身是否符合客观实际的标准。这也是因为人的社会实践是改造客观世界的活动，是主观见之于客观的东西。实践具有把思想和客观实际联系起来的特性。因此，正是实践，也只有实践，才能够完成创新的任务。科学史上的无数事实充分地说明了这个问题。

第二节　创新的价值

教育科研是潜在的生产力，任何一项高质量、高水平的教育科研成果都具有潜在的理论价值或应用价值，能满足社会或个体的某种需要，而教育科研成果的这种潜在的价值要转变为现实的价值，满足人们日益增长的教育需求，只有通过推广，在实践中加以"消化"，得到社会和广大师生的了解、接受、认可，并自觉地用以指导实践，才能得以物化，才能转化为现实的生产力，转换成教育教学的实际效益。

一、教育科研成果推广的内涵

"推广"是指"扩大事物使用的范围或起作用的范围"。教育科研成果的推广有广义和狭义之分。广义的教育科研成果推广，是指包括传播、学习在内的一切扩大教育科研成果使用范围或起作用范围的活动。它包括教育科研成果的传播交流、自发运用以及有组织的推广和应用三种类型。狭义的教育科研成果推广，则是指有组织、有计划、有步骤地将教育科研成果的思想、内容和方法等在一定范围内应用，使之为其他教育工作者所接受，并经理解、内化、改造而转化为教育效益的过程。

二、教育科研成果推广的价值

（一）教育学价值

所谓教育科研成果推广的教育学价值，是指教育科研成果推广能够通过影响和改变教育教学方式，满足学校、社会以及个体发展的某种需要，从而产生特定的社会效益和教育效果，获得自身存在的必要性与合理性。其核心价值取向在于从师生生命深处唤醒他们沉睡的自我意识，以促进教师专业发展，推动教育教学改革，实现高水平、高质量的教育。

1. 有利于促进教师专业发展

在教育科研成果推广的过程中，教师可以提高分析问题和发现问题的能力、收集文献资料和筛选信息、整理资料的能力、归纳和概括研究资料的能力等。这些能力对于教师的专业发展是十分必要的。因而，可以说，开展教育科研成果推

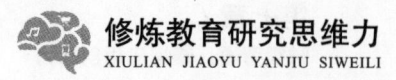

广工作是教师自身专业化发展的必然选择和要求，教育科研成果推广能有效地推动教师专业成长。具体表现在：第一，教育科研成果推广是理论联系实际的天然渠道，有助于教师带着问题学习教育理论，通过理论学习完善和丰富教育经验，从而使教师的业务学习效果倍增；第二，教师在应用教育科研成果中必然会查询、检索相关研究成果，有的放矢地理解、吸纳前人或他人的思想或观点，从而为总结、提炼新的教学方法提供有益的启示，并借此提高自己的认识水平，拓展自己的思维空间，增强自己解决问题的能力，扩大自己的专业自主；第三，通过教育科研成果的推广应用，教师在解决教育教学实践难题的同时，也对自己在教学实践中日积月累起来的直观、感性的教育经验进行理性升华，使自己原先若隐若现的、不可言状的体悟明晰起来、优化起来，从而对自己的教学行为有更高层次的反思，直接或间接地提高了自己的教学水平和能力。

2. 有利于推动教育教学改革

在教育教学改革纵深发展的今天，面对更新教育观念、提升教师专业素质、提高教育管理水平、改善教育方法的历史重任，学校教育面临着前所未有的严峻挑战。学校教育要应对这些挑战，顺利完成自己的历史使命，就必须不断进行改革；相应地，教育要改革，就必须积极寻求教育理论的支持；而教育思想、教育理论的发展是以教育科研为基础的。实践证明，教育科研成果能有效地解决学校教育变革和发展中的一些深层次的问题。而教育科研成果要想在教育教学实践中发挥其应有的作用必须通过推广应用来实现。这是因为教育科研成果的推广应用意味着要突破陈旧的框框，以新思想、新制度、新方法、新措施、新工具来应对新情况、新问题。它是教育教学变革的先导，是教育生产力的重要因素。只有通过推广应用教育科研成果，才能分析和甄别当前教育成败得失的根源，总结教育变革的经验教训。可以说，教育科研成果推广是进行教育变革的先决条件，是推动教育教学变革的强大动力。

3. 有利于提高教育教学质量

教育科研目的有阶段性目的和终极性目的之分。阶段性目的主要有二：一是改进、完善、丰富、发展教育教学方式；二是探索和完善理论体系，以更好地指导教育教学实践。终极性目的则是提高教育教学质量，培养适应面向现代化、面向世界、面向未来的创新人才。阶段性目的是终极性目的的基础，阶段性目的的实现与否要靠终极性目的的实现来检验。教育科研成果推广，既是一个教育思想转化的过程，也是一个教育行为实践的过程，可以充分发挥教育科研成果对教育实践的指导作用，提高教育教学的有效性和教育教学质量，促进高水平、高质量教育的实现。

（二）心理学价值

教育科研成果推广的心理学价值是指教育科研成果推广可以形成一种积极向上的心理场，从而促进教育科学和教育科研事业的持续健康发展。所谓心理场，是勒温整个心理学体系中的一个基本概念。勒温将物理学中的"场"概念引入心理学，用以说明个体的心理生活，并以"心理生活空间"或"生活空间"两个基本概念加以描述，他认为"心理生活空间"（psychologicalLife space）是指在一定时间决定一个人行为的全部事实。教育科研成果推广所形成的心理场是一种心理动力场，有利于营造良好的心理氛围，创设良好的心理环境，凝聚向心合力，推动教育科研成果的应用、评价以及教育科研活动本身的顺利进行。

1. 有利于形成应用教育科研成果的心理场

应用教育科研成果的心理场是指教育科研成果推广可以形成学习教育科学理论的环境，营造对教育科研成果再认识、再创造的氛围，实现理论与实践的紧密结合。

（1）学习教育科学理论的心理场教育科研成果的应用。需要丰富的教育科学知识作基础与支撑，这就要求广大教育理论工作者或实践工作者深入学习教育科学知识，不断拓展自己的理论知识和实践视界。同时，任何教育科研成果的取得都具有自身固有的特质，如时空和思维的相对性、研究主体的能动性、研究对象的差异性、研究方法的复杂性等，因而教育科研成果的应用不是简单复制，不是依样画葫芦，更多地需要结合学校实际、师生实际，把握成果的精神实质，融入自己的知识和经验。这样，在教育科研成果的应用中必然存在一个学习的过程，只有通过学习，吸取精华，才能把科研成果转化或内化为新的知识结构。

（2）转化教育科研成果的心理场教育科研成果的应用。这是指教育科研成果为其他教育工作者所接受，经理解、内化、改造，转化为教育实践的过程。它是一项创造性、研究性很强的劳动，也是一个艰苦的再研究、再创造的心理活动过程。教育科研成果推广可以为上述过程营造一种良好的心理氛围，促进教育科研成果潜在生产力向现实生产力转化，这种心理氛围我们称之为转化教育科研成果的心理场。

（3）促进理论与实践结合的心理场教育科研成果推广。这是教育科研成果向实践转化的重要中介，也是衡量教育科研效益的重要标志。就目前而言，我国

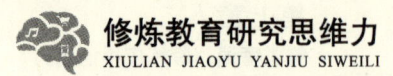

整个教育科研成果能及时应用于实践或解决实际问题的比例还比较低，亦即教育科研成果的应用还是一个相对薄弱的环节，因而我们有必要把教育科研成果推广本身当作教育科研成果的一种基本类型，借此营造一种良好的心理场域，促进教育科研成果的创造者、推广者、实施者、应用者紧密合作，进一步理解、拓展、内化和迁移教育科研成果，这必将有助于推广活动的开展和对教育科研成果的再认识、再创造，从而促进理论走向实践，服务实践，实践检验理论，丰富理论，使理论与实践相辅相成，相得益彰。

2. 有利于形成评价教育科研成果的心理场

教育科研成果评价是指从科学性、创新性和应用价值等方面，对所取得的教育科研成果进行客观分析、研究、论证，得出对成果的总体评价的结 。教育科研成果推广有利于形成良性的教育科研成果评价心理场，从而促进评价工作的顺利进行，体现自身的意义和价值。

（1）教育科研成果推广是验证成果科学性的重要途径之一。教育科研成果的科学性要求研究成果符合客观实际，有确切的事实基础，而不是主观臆造；反映事物的规律性联系，而不是现象和表面的联系；结论应是客观真实基础上的合理引申，而不是根据主观的构想任意挑选的事例堆砌。教育科研成果推广形成的评价心理场可以有效地检验研究的问题是否符合客观实际，是否新颖前沿，是否值得思考和探索；可以有效验证研究目标是否符合实际，研究计划是否周密详尽，研究假设是否有理有据，研究方法是否适切可行；可以深入地考察研究过程是否规范有序，收集的资料是否客观、可靠、完整；还可以检验整理、分析、处理研究资料的方法和技术是否科学，得出的研究结论是否合理等。可以说，教育科研成果推广是验证成果科学性的重要途径之一。

（2）教育科研成果推广可以确证和丰富成果的创新性。创新性是体现教育科研成果灵魂和生命力的本质特征，其内涵主要包括：其一，理论上的创新。研究成果创造性地提出了新理论、新概念、新观点、新见解、新结论等，丰富和发展了某种重要的教育理论观点或学说。其二，方法上的创新。研究过程中成功地运用了新的研究方法或技术，选用了新的研究视角，或发现、获取了大量的新材料、新依据、新事实等。其三，实践中的创新。研究成果解决了前人未能解决的实践问题，开辟了新的研究方向，提供了新的实践经验等。教育科研成果推广在确证和丰富成果的创新性方面具有十分重要的积极作用，它可以确证和检验理论创新，推动和促进方法创新，丰富和发展实践创新。在一定意义上说，它是教育科研成果的源头活水和强大动力。

（3）教育科研成果推广可以体现或拓展成果的应用价值。教育科研成果能否进行推广，推广的程度和广度等直接说明了该成果的价值高低。如果一项研究成果具备可操作性强、资源共享价值高、实用价值大等特质，自然会得以广泛推广应用。相反，一项教育科研成果仅以某种功利（如评职称、结题）为目的，以发几篇论文、出一本小册子为终结，束之高阁，那么这种研究成果只是形式和数量的表征，失去了应有的意义和价值，也不具备推广应用的有效性。

3. 有利于形成促进教育科研活动的心理场

教育科学研究的一般规律是：从选题开始，经过研究得出成果，把成果在实践中加以推广；从推广实践中再选题，再研究出成果，然后再推广实践—循环往复地进行。在每一循环中，如果把科研成果只停留在知识产品阶段，而不研究在实践中推广应用，不能说是进行了完整的教育科研活动。因为教育科研成果只有通过推广应用转化为生产力，才具有现实意义和社会价值。可见，教育科研成果的推广活动是教育科研活动全过程不可分割的组成部分和重要环节，也是促进教育科研活动持续开展的助推器。由此而形成的教育科研效应具有重要的心理场作用。

（1）凸显了广大教师在教育科研中的主体地位、源头作用。教育科学研究的参加者虽然具有广泛的群众性，但其主体仍是广大教师。广大教师工作在教育实践第一线，具有丰富的教育实践经验，在实践中既有创造性的成功经验，也会遇到各种迫切需要解决的理论和实际问题，迫切需要通过教育科研来分析问题、解决问题。

（2）有利于以科研促教学由于工作关系，广大教师参加。教育科研大都带有业余性质。一般说来，繁重的教育教学任务限制了教师研究内容的选择和研究时间的利用，而当研究任务与他们的实际工作结合时，就能有效地吸引他们投身于教育科研，教育科研成果的推广恰恰为广大教师提供了一种把科研与实际工作相结合的有效机制，通过科研促教学，让他们体验到从事教育科研的成功喜悦和幸福。

（3）有利于树立精品意识，产出精品成果。任何一项成果的获得并不意味着对该成果认识的终结，不少教育科研成果都是在局部范围内得出的规律性认识。由于教育科研条件的局限性、研究对象的复杂性、研究过程的偶然性等因素的影响，这些研究成果只有通过深入实践、反复检验、不断证实，才能形成更完整、更科学、更成熟的理论。而教育科研成果的推广为研究结论的验证提供了可能和保证。"推广"实际上也是进一步研究，通过推广，可以在实践中进一步检

验成果的价值，丰富和发展成果的内容，扩大成果的效益，有助于人们树立精品意识，产出精品成果。

（三）社会学价值

所谓教育科研成果推广的社会学价值，是指在教育科研成果推广过程中，教育理论工作者、科研成果管理者和教育实践工作者在传递信息、沟通思想、协调行为的过程中所形成的人际间的交往关系。它实质上是一种交往行为，同时涉及客观世界（教育教学中存在的实际问题）、社会世界（教育科研与教学中人与人之间的关系）和主观世界（教师教学实践中积累的各种经验），是"最为合理的一种行为方式"。

1. 有利于形成教育科研交往圈

尽管目前各级各类教育部门及学校、教育科研院所等单位从事教育科研的人数众多，科研成果数量亦相当可观，但令人困惑的是，这些教育科研成果真正转化为教育教学行为，指导教育教学实践的却并不多。各级各类教育教学或教研人员都只局限于自己狭小的圈子，从教育的某个环节出发开展工作，而没有从教育全局出发，从教育事业的整体着眼，去通盘考虑教育科研与教育教学各个环节的内在联系。从理论上说，他们都只注重教育体系中的某个环节，采用"目的工具性行为"，为达到自己预期的目的而从事教育教学或教研工作。解决这类问题的关键是要加强教育行政部门、教育科研机构以及基层校长和教师的互动交往与合作，因为他们都是教育科研成果推广应用的主体，只是他们分属于教育实践不同的环节上，分别担负不同的任务，实施不同职能，只有他们的多重交往、沟通与合作，才能形成教育教学与科研的良性互动，促进教育教学与科研的双向互惠。教育科研成果推广有利于形成教育科研交往圈，创设民主、和谐、合作、共同进步的科研环境与教书育人氛围，提高各级各类教育工作者的交往沟通能力和组织协调能力，是实现教育教学与科研良性互动行之有效的方法，是科研、行政和学校三者交往合作的有效途径。它不仅能使教育理论指导和服务于教育教学实践，充分发挥教育科研成果所具有的潜在价值，而且能在实践中检验理论，以便理论工作者反思、修正和完善理论。

2. 有利于消除教育科研与教育教学的分离

教育领域长期存在着教育科研与教育教学两张皮、相分离的现象。造成该现象的原因是多方面的，有来自科研成果本身的原因，它的生成得益于研究者对文献资料的苦心研读、斟酌、思辨，理论性太强，难于转化为教育教学实践；有来自教育教学一线教师的原因，他们或是因功底不深，对先进的、科学的教育教学理论理念领悟不透，难以操作，或是因功利思想作祟，不愿放弃眼前利益而去从事短期内难以见效的科研成果推广工作；有来自教育教学管理工作者的原因，他们对科研成果价值的评价过于侧重学术性，对科研成果鉴定过于注重论文篇数和专著的出版，对教师的评价过于注重学生知识掌握的多少。通过教育科研成果推广有利于消除教育科研与教育教学的分离，克服教育科研与教育教学两张皮现象，实现二者的和谐共赢。一方面，教育科研成果推广有利于调动各方面的积极性、主动性、自觉性和创造性，促进各种教育信息的有效交流与沟通，形成优势互补、良性互动的晕轮效应，从而促使教育科研成果与教育教学实践有机结合，实现教育教学功效的最优化；另一方面，教育科研成果推广也有利于理论接受实践的检验，促使教育研究者反思、修正、补充自己的理论，从而进一步丰富、完善和发展理论；同时，教育科研成果推广还有利于广大一线教师在参与研究中长智慧，在应用实施中增才干，从而不断提高教师的专业能力和专业水平，不断促进教师的专业自治和专业发展，培养研究型的教师。

3. 有利于创设主体间的和谐

广义的教育科研成果推广是指"包括传播、学习在内的一切扩大教育科研成果使用范围或起作用范围的活动"。其主要参与人员有教育行政管理者、教育科学研究者、各级各类学校管理者以及教师和学生等。所有这些参与者共同构成教育科研成果推广主体，他们之间是一种平等的主体间性关系，在这种主体间关系的引领下，他们实施的是一种和谐相处、彼此沟通、相互理解、互助互惠的交往行为。首先，在成果推广过程中，为了促使成果推广者能深悟先进教育理念的精髓，熟练掌握科学的教育方法，研究者必须与成果推广者一起研讨，全程培训和指导成果推广者，帮助他们理解、内化、应用研究成果，不断提高理论修养，在学习、推广、应用教育科研成果解决教育实践问题的过程中提升教育教学水平。这也有助于研究者认识研究成果的局限性，有利于研究成果的修改、完善。其次，教育科研成果不是包治百病的灵丹妙药，也不是放之四海皆准的万能真理。因此，在成果推广应用的过程中，成果推广者应联系学校的实情，考虑学生的特点，结合自身的优势，对研究成果加以改造，创造性地开展工作，以适应特定的教育需要。再次，教育行政管理者在教育科研成果推广过程中起着重要的纽带作用和协调作用。他们可以为教育科研成果推广牵线搭桥；铺设平台，创造机会。总之，在教育科研成果推广过程中，呼唤科研机构、行政管理部门和学校三结

合，提倡教育理论工作者、教育行政人员和广大一线教师的交往互动平等对话与交流，只有这样，才能真正做到取长补短，优势互补，并最终创建教育科研成果推广的良性运行机制。

三、教育科研成果推广的特点

（一）效益的内隐性

诚然，对教育科研包括其成果推广的投入是教育领域效益最大的投入，但效益最大的投入并不一定是见效最快的投入。教育科研及其成果推广的效益具有明显的内隐性，常常要经过几年十几年甚至更长的周期才能显著表现。不少地方在推广上海市青浦县顾泠沅的数学教改成果时就曾被这种效益的内隐性所困扰，推广初期不仅见不到多少明显效果，而且教学进度受到影响。因此，在实施成果推广时，对效益的内隐性要有充分的思想准备并有正确的认识：①成果推广一时见不到显著效益不等于没有效益。②对前效的期望值不要太大，关键在后效。推广初期，无论是教师还是学生，都有一个适应性的"磨合期"，原有经验和习惯可能被打乱，甚至可能会造成效果的倒退。③对效益的衡量不能片面与分数挂钩，应进行综合评估。分数只能说明一部分问题，而不能说明全部问题。那些分数不能说明的问题，也许正是对人的发展起重要作用的因素。

（二）形式的多样性

成果类型的广泛性和层次性决定了成果推广的多样性。教育科研成果中有的是教育的新思想和新观念，这里的推广便意味着多种形式的传播活动，通过传播提高接受者的认识水平，改善接受者的教育行为；有的是教育教学的原理和规律，这里的推广便意味着学习和掌握，通过学习和掌握形成教育教学的规范，减少工作的盲目性；有的是具体的教育教学措施和技术手段，这里的推广便意味着实际迁移，通过迁移丰富接受者的教育教学经验，促进质量和效率的提高。如果从其他角度来分析，还有多种不同的形式类别，限于篇幅，这里不再一一列举。总之，肯定了形式的多样性，也就在一定意义上承认了其不拘一格的开放性。换言之，一切能使原有成果价值通过迁移和拓展而获得增值的形式都是可以运用的形式。

（三）过程的渐进性

教育科研成果的推广过程具有明显的渐进性，几乎没有一项成果一经取得就能在较大的"面"上推广，总要经过一个由"点"的积聚再逐步向"面"上递进的过程。其原因有三：①多数教育科研成果的实践检验需要一个较长的周期，短期内难以得到确切的验证，也就难以获得价值的广泛确认，故初期只能以"点"

的积聚形式推广。②即使成果的科学性、先进性能迅速得到证实，但其普遍适应性也应在"点"的反复实践、实验中加以调整和完善。"点"的积聚在验证成果的同时常常兼带开发研究性质，以使研究成果更具有实践性、操作性，从而易于普遍运用，便于"面"上推广。③成果推广需要临场指导，一下子就铺开，仅从指导而言便是力所不能及的，"点"的积聚为"面"上的铺开准备了指导力量，从而保证了推广的科学性及有效性。

（四）内容的发展性

接受者在成果推广时，特别是对于操作性较强的成果免不了要进行按图索骥式的迁移和模仿，但成果推广更应与创造性的再研究紧密联系，故推广的内容明显带有发展性：①教育教学是一个动态过程，教育对象的整体特点也在不断地发生变化，因此任何先进的教育科研成果只有不停地进行创造性的再研究，因时而化，才能保证不落后，才能持续实现其应有的价值。②一般教育科研成果的产出都具有时空的相对性，具有质和量的类特征。一经推广，时空可能发生变化，也可能超出同类的限制，如城市初中产出的成果向农村初中推广，倘若只是机械地迁移和模仿，则是难尽其效的。

四、教育科研成果推广的条件

一切具体事物的发生、存在和发展都是有条件的，不需要任何条件就能孤立运动的事物是不存在的。教育科学研究及其成果推广作为一项人类的复杂脑力劳动，其条件要求是比较高的，限制也是比较严的。因此，研究影响教育科研成果推广的因素，对于人们能动地创造推广条件、恰当地选择推广项目、有效地获得推广增值都是十分必要的。一项教育科研成果最终能否得以顺利推广，通常与三个方面的条件有关：成果本身及获得者、成果接受者、推广中介。

（一）成果本身及获得者的条件

成果本身及获得者方面的条件是实施成果推广的前提性条件，为成果推广提供可能性。包括的主要因素有：①成果由于无可置疑的科学性、先进性、创造性而具有教育价值、社会价值或经济价值。②成果效益具有确凿的证明，需经知名专家进行权威性的鉴定，并有实验点的材料可供查阅。③成果通俗易懂，便于操作，能为第一线的教育工作者所广泛接受。④成果有良好的社会舆论。人们的从众心理经常左右着推广工作的进退成败。⑤成果获得者有良好的社会形象和社会影响，德才兼备，至少无可非议。⑥成果获得者必须具有强烈的推广意识，是推广工作的有心人、热心人，并能经常深入推广第一线接受咨询、指导示范。

（二）成果接受者的条件

成果推广如同产品推销，产品再好，但若无人接受，其价值便无法实现。因此，成果接受者方面的条件是实施成果推广的决定性条件，为成果推广提供可行性。其包括的主要因素有：①对教育科学研究及其成果推广具备正确的认识，确立教育科学是教育发展的"第一生产力"思想，有严谨的科学态度和致力于教育科学改革的热情。②具有一定的教育教学理论素养、业务能力和实践经验。③认同成果价值，需要成果效益，理解成果内容，对成果善于模仿，勇于发展，乐于创造。④有足够的时间、精力用于推广研究。⑤有获得必需的人力、物力、财力支持的可能性。

（三）推广中介的条件

成果推广是一项有组织、有计划、有步骤的活动，教师也都处于一定的组织系统之中，一般情况下，没有中介的推广是较难成功的，因此，推广中介是成果推广的保障性条件，为成果推广提供可靠性。其包括的主要因素有：①学校领导和教育行政部门。这两方面都可以发挥其决策功能、组织功能，要求教师使用科研成果，组织教师参加推广的培训活动，促进教师对成果的了解和理解，还可以为推广活动提供必要的人力、物力、财力等。值得注意的是，这里也要防止"长官意志"对成果推广的干扰。在处理具体的技术性问题时，行政领导可以组织研讨，但不能硬性决策，要以"科学性"为准则促进成果推广。②科研部门。科研部门由于对成果易于掌握，对科研方法比较熟悉，既能为行政决策提供依据，当好参谋，又能给第一线的教育工作者传播信息，临场指导，是成果与接受者之间的桥梁和纽带，其中介作用发挥得好，能有效地提高推广质量。③大众媒体。广播、电视、报刊等大众媒体是推广的必备中介，没有它们的宣传介绍，成果价值就难以产生广泛影响，至少说范围受到极大的限制。一经宣传介绍，成果的魅力以及推广者、接受者的积极性都会得到强化。因此，在成果推广过程中，要积极、充分地发挥大众媒体的中介作用，尽可能使成果产生最大限度的增值。

第三节　创新的思维策略

中小学教育科研成果推广应用就是让已有的科研成果从原生状态转变成应用状态，从原生成果变为次生成果，从一种外在的知识或技术变成成果应用者认识问题、解决问题的具体技术手段。这种状态的变化过程实质上是成果应用者的思维方式在发生作用。

一、顺向思维

（一）关于顺向思维

顺向思维是一种从人类已有的成果出发，以人类已有的成果为思维原点，又创造性地推动着人类已有成果向前发展的思维方法。具体的表现形式有三种：一是创造性地运用人类已有的成果；二是对人类已有成果进行创造性的完善；三是创造性地深化人类已有的成果。

（二）顺向思维的应用

（1）人类已有成果是前人和他人创新认识和创新实践的结晶，但人类的创新认识和创新实践又不能满足于已有的成果，而是要创造新的成果；任何发明创造并不是对已有成果的否定和废弃，而是对已有成果的继承、借鉴和运用，但这种继承、借鉴和运用并不是原封不动地照搬和照抄，而是吸收其中的合理因素为当下的创新认识和创新实践活动服务。

（2）对前人和他人的创造性成果作进一步的完善，从而进行新的发明创造，这也是一种创造过程。一般说来，最初创造发明的成果不是很理想的，最初提出的新学说还不太完善，甚至是错误的；最初发明出的科学技术成果其体积庞大、结构复杂、能耗大，而功能单一和低效。

（3）对已有创造性成果进一步挖掘、深化其新的特性和新的功效，也是一种创造发明过程。任何创造性成果在一定的历史条件下它的特性和功效是相对有限的，但随着历史的发展它的新特性和功效会被人们逐渐挖掘出来。

【案例4】省优秀教育科研成果"初中'同班分层，异层走班'教学实践"成果推广现场会在某市五中举行。展示会分为两个阶段：第一阶段，与会代表首先在五中观摩"分层走班"常态课，现场感受学生"异层走班"、教师"跨层任教"情况。参与此次上课的年级是五中八、九全体学生，上课教师是五中全校数学、英语教师，九年级是复习课，八年级是新授课。其次，全体与会代表到学术厅，观看"分层走班"专题片，然后说课、议课活动。八、九年级数学、英语学科教师代表分别就层次目标、教学策略、收获与思考进行了说课。第二阶段，与会代表听了课题组的科研情况介绍与课题成果主题汇报。

案例4在推广优秀教育科研成果"初中'同班分层，异层走班'教学实践"时，采用的课堂观摩、主题报告、现场考察、专家点评等形式，从思维的角度来

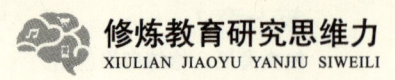
看，这是一种顺向思维。

【案例5】学校为了在小学英语教学中推广"基于语篇的小学英语教学模式研究与实践"成果，根据科研规划制订了切实可行的培训制度和计划，促进教师科研能力的提高。一是专业引领。学校每学期举办一次读书论坛活动，旨在"以读促思、以读促教、以读促做"；每年邀请专家做一次科研讲座，加强理念的提升和方法的引导。二是同伴互助。组织教师相互听评课，构建组内教师间的合作共同体，有效地促进了教师课堂教学水平的整体提升；实施"蓝青工程"，促进新老教师互勉共进，共同提高。三是自我反思。课题组定期举行总结反思活动。通过教法研究、问题会诊、案例分析、实践反思、观摩讨论等，促使教师学会在研究中应用，在应用中研究。

案例5以"培训"为推广策略，让教师深入理解课题成果的精髓，把握基于语篇的小学英语教学模式的实质。

二、组合思维

（一）关于组合思维

组合思维又称"连接思维"或"合向思维"，是指把多项貌似不相关的事物通过想像加以连接，从而使之变成彼此不可分割的新的整体的一种思考方式。

（二）组合思维的形式

（1）同类组合。同类组合是若干相同事物的组合。参与组合的对象在组合前后基本原理和结构一般没有根本的变化，往往具有组合的对称性或一致性的趋向。

（2）异类组合。异类组合是两种或两种以上不同领域的技术思想的组合、两种或两种以上不同功能物质产品的组合。组合对象（技术思想或产品）来自不同的方面，一般无主次关系。

（3）重组组合。重组组合就是在事物的不同层次分解原来的组合，然后再按照新的目标重新安排的思维方式。

（4）概念组合。概念组合就是以词类或命题进行的组合。

（5）综合。综合是指为了完成重大课题，在已有的学科、原理、知识、方法、技术不能解决时，创造出新的学科、新的原理、新的方法和新的技术，并对其进行重新组织和安排的思维过程。

（三）组合思维的应用

1. 主体附加法

主体附加法是指以某一特定的对象为主体，通过置换或插入其他技术或增加新的附件而使发明或创新诞生的方法。

2. 二元坐标法

二元坐标法就是借用平面直角坐标系在两条数轴上标点（元素），按序轮番地进行两两组合，然后选出有意义的组合物的创新方法。

3. 焦点法

焦点法是以一预定事物为中心、为焦点，依次与罗列的各元素——构成联想点，寻求新产品、新技术、新思想的推广应用和对某一问题的解决途径。

4. 形态分析法

形态分析法就是通过对研究对象相关形态要素的分列和重新组合，全面寻求各种解决问题方案的方法。形态分析法的步骤：

（1）确定创新对象。准确表述所要解决的课题，包括该课题所要达到的目的及属于何类原理、技术系统等。

（2）基本因素分析。即确定创新对象的主要组成部分（基本因素），编制形态特征表。

（3）形态分析。要揭示每一形态特征的可能变量（技术手段），应充分发挥横向思维能力，尽可能列出无论是本专业领域的还是其他专业领域的所有具有这种功能特征的各种技术手段（方法）。在形式上，为便于分析和进行下一步的组合，往往采取列矩阵表的形式，一般表格为二维的，每个因素的每个具体形态用符号P_{ij}表示，其中i代表因素，j代表具体形态。对较复杂的课题，也可用多维空间模式的形态矩阵。

（4）形态组合。根据对发明对象的总体功能要求，分别把各因素的各形态——加以排列组合，以获得所有可能的组合设想。

（5）评价选择最合埋的具体方案。选出少数较好的设想后，通过进一步具体化，最后选出最佳方案。

【案例6】汪老师在认真学习、推广全国著名中学数学特级教师李庾南自创的优秀成果《自学·议论·引导教学法》过程中，深入领会了该成果的实质与精髓："自学·议论·引导"是三个基本环节的有机结合，优化了课堂教学结构；其核心是帮助学生真正学会学习，自主学习，创造性学习，享受学习。在此基础上，汪老师根据班情，结合自身教学特色开展了"基于问题导引的初中数学自主探索式教学"研究。

案例6在推广他人成果的基础上，把握成果的实质与精髓，让"问题"与

"自主"重组，开展了基于问题导引的初中数学自主探索式教学研究。

三、加减思维

（一）关于加减思维

加减思维法，又称"分合思维法"，是一种通过将事物进行加与减、分与合的排列组合，进行创新的思维法。所谓减，就是将本来相连的事物减掉、分解；所谓加，就是把两种或两种以上的事物有机地组合在一起。

（二）加减思维的应用

由于加减思维法是一种可以将资源重新打乱、重新分置的思维，通过加与减的不断变化和不断配置，大大增加解决问题的灵活性与创造力。

加减思维法涉及用人、用财、用物、用时等生活工作的各个方面，是一篇永远做不完的大文章，需要我们认真去观察、仔细去思考。掌握了加减思维的要义，你会发现生活中许多问题都迎刃而解。

【案例7】优秀科研成果 "导学讲评式教学法"的基本程序：

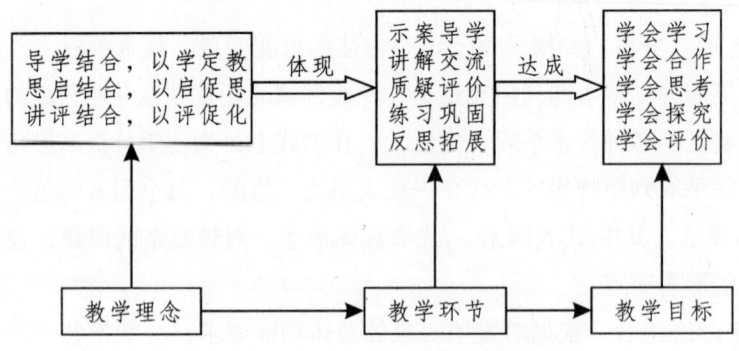

图7-1　DJP教学的基本程序和结构图

高中数学教研组在推广该成果时，根据高中生的特点，对该程序进行了"一减一加"，减去了"学案导学"，增加了"自主预习"生成"问题"。

案例7在推广时，因校制宜对成果进行适当地取舍，使其更加适合教学实际，也有利于成果的推广。

【案例8】学校在积极推广省级科研成果"创新教育课堂教学模式实验研究"的基础上，积极引进外校的先进科研成果"构建生命化课堂"，以培养学生能力为中心点，展开系列研究与实践。通过"预习课、新授课、综合课、复习课、矫正课"五种课型的着力打造，深入开展"五段式"听评课活动，促进科研成果向教学效益转化。

"五段式"听评课，即"常态课、诊断课、提高课、达标课、创新课"。"常态课"是要求所有教师开放常态课堂听"推门课"；"诊断课"是对比新模式展开听、评、议、改；"提高课"是针对诊断出的问题改进完善；"达标课"是对全校教师"地毯式"听评课，先"树标"，再达标，着重做好"评改"；"创新课"是各学科骨干参加校级"示范课"的展示，打造校级名师。通过"五段式"听评课，"创新教育课教学模式"和"构建生命化课堂"的科研成果得到推广和巩固，唤起了教师"见贤思研"的觉醒意识，不同层次教师的授课能力均得到了提高。

案例8在推广时是把两种科研成果有机地组合在一起。

第四节　创新的基本范式

中小学教育科研成果推广应用的关键是将原生成果从理论化向实践化转变，并具体表现为对一定的解决教育问题的理念与技术的验证。这需要遵循成果推广的一般流程。

一、教研成果应用和推广的条件

教研成果应用是指教研成果进入教育教学使用环节，产生社会经济效益；推广是指教研成果扩大使用面，发挥更大更好的效益。教研成果应用与推广是把教学研究和教育教学的实践活动相衔接，使科学成果转化为社会生产力的过程，也是使科学产生的财富服务于社会、造福于人类的必要途径。作为社会科学研究成果中的教育科研成果，与自然科学不同，一般不能迅速将自己的成果应用推广于现实中，它在应用和推广中有其自身的特点，把握其特点是取得应用与推广工作成效的基本条件。一般说，并不是所有的教研成果都具有被推广的现实可能，也不是所有的教研成果都采用同一推广方式。教育基础理论研究主要是从教育现象中探求规律，将大量的感性认识上升为理性认识，形成思辨型的理论研究成果。对于这种认识为主的研究成果，只要能沟通科学信息，活跃学术思想，促进教育科学发展，繁荣教育教学事业，就已经在一定程度上实现了扩大成果效益的目的。

另外，教研成果的多样性、教研成果推广对象的复杂性及推广方法的多变性

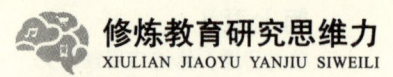

必然造成某些成果在推广和应用中会受到众多主客观条件的限制，因此，在进行教研成果推广时，应注意以下两点：

（1）认真筛选教研成果，使应用和推广具有可能性。

做好成果筛选工作应从成果的科学价值、技术水平、成熟程度、实用意义、社会和经济效益等各方面对成果进行考察。作为教研成果推广应着重考察以下方面：

①成果的先进性和成熟性。先进性是指成果的研究内容和研究方法上有独特和新颖之处，具有创新性、超常性。成果的先进性也是一个相对的概念，有些教研成果在某一地区可能没有新意，但相对于其他区域范围仍具有开创意义，即可认为在该范围内是先进的、有价值的。成熟性是指成果经教育实践或逻辑上的反复论证与验证，结论可靠，研究方法合理，数据完整，具有良好的重复性和再现性。对于可操作的研究成果来说，其成熟性还表现在操作的系统化和简约化。先进和成熟是辩证的统一。先进性决定着成果的价值，成熟性则决定着成果被推广以后的价值，两者都是应用与推广成果的先决条件。②成果的实用性和可行性。对教研成果而言，考察其实用性主要是看成果的采用是否能对教育、教学质量的提高，教育决策的形成，师资队伍的建设，教育改革与发展等起到明显的促进作用，产生良好的社会效益。可行性则是指在现行的主客观条件下加以实施是可行的，而且在理论上是简捷明确的，实际操作上又是相对简便易学的。教研成果推广的最终执行者是广大教师，因此对成果的普遍适用性要求更高，成果的实用性和可行性也就成了应用与推广教研成果必然的客观要求。③成果的整体性和特殊性。考虑成果的整体性和特殊性以便在应用和推广中产生应有的规模效应。

（2）选用合适的方法，使应用与推广具有可行性。

二、教育科研成果推广的基本环节

只要具备了或创造出上述条件，教育科研成果的推广过程就是一个水到渠成的自然流程，一启就动，以致不启自动。教育实践中，成果推广难的问题看似由于过程的复杂性所致，其实主要是条件缺乏引起的。比较而言，条件是推广难的主要矛盾。当然，这并非意味着推广过程不重要，如果条件具备了，但没有相应的过程或无端超越过程的某些应有环节，也有可能导致推广的功败垂成，而且，就推广效益而言，它又是通过推广过程及其结果来实现的，因此，推广过程有时也会转变为影响推广效益的主要矛盾。完整的教育科研成果推广过程一般有以下八个环节：

（一）成果的传播

人们的推广行为是从成果传播开始的。从成果获得者方面看，传播是一种向社会的自我推销，用以展示成果的魅力和价值，以期获得社会的广泛认可，从而获得价值的增值；从接受者方面看，没有成果传播，就无以知道成果的存在，而且初期的价值判断也是依靠传播产生的。只有认定了价值，人们才会去深入了解成果内容。这里的传播既包括广播、电视、报刊、书籍等大众媒体的宣传报道，也包括学术研究会、经验交流会、成果报告会等会议形式的介绍。

（二）确定推广的成果

从传播中人们会接触到各种各样的教育科研成果，但到底推广哪一项，这里有一个比较选择的过程，由比较而选择确定。比较主要包括价值比较、需要比较和条件比较。一项有较高价值的成果，如果符合接受者的实践需要，再有比较充分的应用条件，通常就易于被人们选作推广。

（三）推广论证

这是对前面的比较选择进行更全面、更深入、更严密的综合考察过程，并着重联系实际分析推广过程中的重点、难点问题，预测解决问题的可能性。凡与推广有关的行政人员、科研人员、教师都应尽可能参加这一过程，从各方面提出问题展开讨论，研究对策。只有在充分的科学论证中被证明是切实可行的推广项目，才能进入下一个过程。

（四）制订推广方案

方案的常规内容有：成果名称、成果内容和价值分析、推广范围、推广条件分析、推广形式、推广步骤、推广的目的意义、推广的评价、推广的组织与分工。

（五）组织培训

培训包括一般科研知识及科研方法的培训和具体成果的专项培训。培训的内容既要有理论性又要有实践性、操作性，如果成果原有实验点，最好要组织推广人员进行实地考察、现场观摩。培训得越充分，推广的结果就越丰硕。如果草率从事，则可能导致推广夭折。

（六）实施推广

实施推广的过程就是把成果的内容内化成推广者的思想观念和行为动机，并在具体的教育教学中有意识、有目的、有计划地外显出来的过程。推广初期，并不排斥一招一式的模仿，有时这种模仿甚至是十分必要的，它可以促进推广者的

内化过程，使推广由形似而神似。当然，成果推广不能停留在简单模仿上，简单模仿不能充分实现应有的价值增值。

（七）拓展与创新

既然成果推广是一种应用和发挥作用范围的扩大，成果本身又有时空的相对性，那么推广中对成果内容的拓展乃至创新就是必然的。一个在城市初中取得的成果，不用说向农村初中推广，就是在同类城市初中应用都会遇到个性化的问题需要解决。解决这些问题的过程，就是拓展乃至创新的过程。成果内容也由此得到了进一步的丰富。

（八）总结评价

教育科研成果推广是一个循环往复、不断发展的持续过程。为了对推广活动的价值进行判断，同时为了对原有成果及其推广方案进行调整和完善，为下一轮的推广提供可资借鉴的经验，故在进行了一个阶段（往往以学生的自然学段为界）的推广活动后需要进行总结评价。总结评价的主要内容一是推广过程，二是推广效益和价值。其方法应该是综合性的，这不仅要体现在定性分析上，而且要体现在定量分析中，非此则难以获得确切的判断。

三、教育科研成果推广的基本类型

教育科研成果、成果接受者和教育教学环境等的多样性、层次性，决定了推广类型的多元复杂化，几乎每一项教育科研成果的推广都有其独特的个性。当然，肯定个性并不意味着否定共性，正是这种个性和共性的同时存在，我们才可能由分析而后归纳出推广的类型。推广类型可以从不同的角度来归类。就原有成果类型而言，可以分为基础理论研究成果的推广、应用研究成果的推广和开发研究成果的推广；就推广主体而言，可以分为行政推广式、科研人员推广式、教学第一线人员推广式和"三结合"推广式等等。本文试从推广性质和方式的角度来归类，即把成果推广划分为扩大研究式、开发式和迁移式三种类型。

（一）扩大研究式推广

不少教育科学研究特别是教育实验要经过一个较长的时期才能取得最终成果，而且其过程具有明显的阶段性，如苏联有些教育科研课题甚至是在经过几代人的努力之下才得以结题的。为了使研究更有充分的依据，并尽早地发挥效益，经常有一些教育科学研究在取得阶段性成果以后就开始推广工作，像上海市教育科学研究院普通教育研究所的"学习困难学生教育对策研究"，上海市闸北八中的"成功教育研究"等就属于这种类型，他们边研究、边总结、边推广。其接受者在应用已有成果之后，往往也继之以研究，因此这种推广类型带有扩大研究性质，或扩大研究对象，或扩大研究领域，或扩大研究方法等等。

（二）开发式推广

不仅一些理论性较强的教育科研成果推广需要伴之以开发性研究，而且就是那些较为通俗具体的应用性研究成果，一旦推广往往也因为时间的推移、对象的变化、地域的不同和教育领域的差异等原因而离不开开发性研究，必须以开发性研究为手段才能达到推广的目的。保加利亚教育家洛扎诺夫的"暗示教学法"已在世界上几十个国家推广，但传到中国后并不是随手可用，如其刺激学生大脑活力的方法对中国学生就不完全生效，必须找到中国学生所喜闻乐见的形式才会如愿以偿。因此，大部分教育科研成果在开始推广后总要以开发式类型推广一个时期以至较长时期。

（三）迁移式推广

对于开发性研究成果，对于已经过广泛的开发式推广或已"物化"成为教育制度、教学规范、教学仪器设备、教材等的其他研究成果，可以迁移式类型推广。这种类型的推广因其成果的可迁移性强，深受第一线教育工作者的普遍欢迎，故推广的难度不大，易于在面上铺开。中国科学院心理学研究所卢仲衡等的"中学数学自学辅导教学法"研究，由于编制了可操作的三个"本子"（课本、练习本、测验本），近年来全国每年都有5 000多个教学班采用这种教学法，整体效益十分显著。因此，在这种类型的推广中，模仿、照搬乃是迁移的"题中之义"，只是不能总是静止在模仿、照搬的层次上。在高质量的迁移中，验证、研究、开发、发展、创新等也是其应有的内容或终究的目标。

这里的类型划分是相对于各个类的主要特质而言的，并不排斥部分重合的可能性和推广前后的变通性，而且有的成果推广全过程可能就是三种类型的综合式。

四、教育科研成果推广的基本形式

（一）根据推广的对象分为直接推广和间接推广

1. 直接推广

由教育行政部门、各专业推广组织和学校、广大教师主办或倡议，有目的地组织被推广的成果和推广的对象，采取大小型会议形式直接交流和传播推广成果，或以主管部门正式行文批转成果推广报告等方式，要求所属各级单位、组织或学校、教师参照执行。这种形式称为直接推广。直接推广包括：

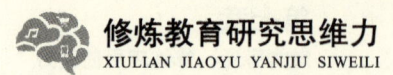

（1）先进成果推广交流会。由各级教育行政部门、专业推广组织主持召开教研成果交流推广会议，向与会代表推广先进成果，直接传播推广信息，肯定成果推广的意义与作用，并提出实施的具体操作和要求。

（2）先进教研成果推广专题讨论会。由各级专、兼职推广组织、教育学术团体主持，举办学术年会或专题成果讨论会，召集推广对象代表参加，选择优秀教育教学成果推广总结报告，进行群众性的评价，要求与会代表宣传、推广。

（3）先进教育教学成果展览会。采取这种形式传播推广先进成果，一般由专业推广组织来承办。采用文字、符号、图片、实物、模型和统计表等，通过筹划布置、现场展出推广，使参观展览的与会者亲身感受体验先进成果推广的实际效果和意义。

（4）先进教育教学成果和推广演示活动。它一般由专业推广人员进行课堂讲学和课外指导，开设理论和实践讲座，举办骨干学习班，通过观摩教学或实地考察，了解和掌握基本内容和方法，为各校舍培养一批推广骨干和积极分子。

（5）开展先进教研成果传、帮、带推广活动。这适用于基层学校或小型教研成果推广组织。由本组织、本校的骨干、积极分子开办培训班，直接传授给广大教师或学生，通过传授、帮助，带动全体教师积极主动地推广教研成果，提高教育教学质量。这是一种最直接、简便化、经常化的推广形式。

2. 间接推广

将教研成果推广计划、操作步骤写成书面材料或录制成光盘、电视录像片，或输入计算机网络管理信息系统，由教育行政管理部门、专业推广组织、基层各组织向教育报刊、出版社、广播电视台等推荐，广泛宣传，形成综合效应，扩大推广面积，实现成果推广的目标。这种形式称为间接推广。它具体包括：

（1）局面讨论、交流。一般说来，对于那种以认识为主的教研成果，只要能沟通科学信息，活跃学术思想，促进教育科学的发展，书面讨论、交流就已经实现了扩大成果效益的目的。广大教育工作者通过阅读文章，就能了解到成果拥有者的思想、观点和意见，了解到研究者对研究对象的看法和结论，这就实际上发挥了成果的社会效益，达到了推广的目的。

（2）录音录像播放。利用现代先进教育技术手段，通过广播电视台或学校电教室录制、购买先进教学推广片，组织广大教师收看、观摩，结合自己的教学实际进行研讨吸收，内化为自己的经验。

（3）组织推广专题研讨会。有目的、有计划地组织先进教研成果推广研讨会是一种有效的推广形式。任何先进推广经验都不是包治百病的灵丹妙药，必须因地制宜联系实际才能收到应有的效果。因此，为使先进推广经验取得更好的成效，各基层可组织同行专家、教师进行学习、研讨、更新、提高，再经过消化内化，而后付诸实施。这是克服和避免盲目性，提高先进推广经验推广有效性的重要方法。

（二）根据推广所凭借的方式手段可分为七种推广形式

1. 通过报告会、学术交流会，进行宣传型推广

当对教研成果进行鉴定和评价后，发现其确有应用与推广的价值，就可召开成果报告会、学术交流会、学术年会、展览会，由研究者或专业人员宣传、演示成果，介绍成果价值、实施推广操作过程，并通过诸种形式达到推广。

2. 通过专著、论文、成果汇编、录音磁带、光盘、计算机网络管理系统等进行文字、声音、符号、图像型推广

要对数量众多的成果进行推广，单靠会议宣传与局部交流是无法满足社会需求的，更多的必须通过信息载体——专著、论文、成果汇编、录音、光盘、相片和信息文件等进行推广。这类推广方式的优点是便于保存，形象逼真，存贮容量大，且具有快捷、简便、不受时空限制等优点，这有利于应用者学习和借鉴，因此，这种推广形式在教育科研中具有巨大的发展潜力。

3. 通过现场观摩进行示范型推广

对一些操作性比较强的教研成果，也可以采用现场观摩会的形式进行推广。由成果拥有者就实施过程的关键部分，边讲解边指导，进行操作示范。这种推广成果的形式不仅能激发学习者的兴趣，也便于推广者与学习者之间的双向交流，使学习者能及时掌握实施中的重点、难点、操作定义和研究方法等。

4. 通过学习指导进行培训型推广

对于一些价值高、意义大、效益明显但操作要求又比较高的成果，则可以通过集中办班、系统培训的方法来推广。将成果中最有效并带有普遍意义的内容综合成教学常规，转换成便于操作的教学语言，用课程的形式来宣传和介绍。通过成果拥有者或专业推广人员身体力行的传授指导，保证学习者掌握该项研究成果的实施要领、方法步骤，从而使成果应用与推广取得很好效果。

5. 通过建立基地进行研究型推广

教育科研中研究内容的广泛性、研究对象的复杂性、研究条件的不恒定性等自身特点对教育科研成果的应用与推广提出了相应的要求，即应用与推广成果

绝非单纯模仿、机械照搬，而是在更广阔的背景中通过研究去完善和修正现有的成果，提高运用性。因此，应用与推广的过程还是个对原有成果吸收、利用、改造、革新，最终再形成成果的过程。对于一此影响深远、作用巨大，对发展教育科学、促进教育实践教有重要价值的研究成果，可以建立研究基地，组织专业推广研究人员 ，采用研究与推广相结合的方法来促进成果的顺利传播。

6. 通过实验论证进行实验型推广

教育实验法是为了解决某一问题，根据一定的教育理论或设想（实验因素或因子）有计划地组织教育实践，一定时期后，对实践效果进行比较分析，从而得出有无实验因子的科学结论。

实验法的最主要特点在于能对事物的情况加以适当地控制，排除一些无关因子的干扰，突出所要研究的实验因子，从而比较准确地探索出事物间的因果关系来。由于实验法可以人为地控制有关条件，所以它就可以使人观察到在自然条件下遇不到的情况，扩大研究范围，进行重复验证，并可把某种特定因子分离出来便于观察某种特定因子的效果，还比较便于测量，这样就易于取得可靠的研究成果。

利用实验法推广，首先对某一研究成果推广提供或设计一个假想或初步特征的理论方案，再查阅一些有关资料，进一步了解该项成果，其次看客观条件（包括经费、仪器、设备和有关人员的支持）是否具备，然后落实实验者对实验方法、技术的掌握等主观条件。一般认为，检验某项措施、某种成果是否可行可靠，是否具有推广价值，都宜首先进行小规模实验，视其效果如何，再决定是否逐步推广。即使实验失败，受损失也只限于小范围内。因此，我们推广教研成果，一般采取重点实验，再局部区域推广论证，到大范围的传播普及，这样层层推进有利于达到成果推广的目的。

7. 通过对教研成果的逻辑推理进行类推型推广

教研成果类推型推广，就是根据大量事实材料，通过逻辑分析判断、推理，对处于同样历史和现实条件下的不同地区范围，采取相似或相同的推广方法，或把这一成果推广的成功经验运用到另一相近的成果推广中。教研成果推广是一种创造性的劳动，但它也并不完全否认继承和借鉴。况且，由于成果的多样性，不可能也不必要每推广一种成果就创造一种全新的推广形势。

参考文献

著作类

[1] 孙向阳.教师教育科研最需要什么[M].南京：南京大学出版社，2010.

[2] 李臣之.教师做科研——过程、方法与保障[M].深圳：深圳出版发行集团·海天出版社，2013.

[3] 高尚刚，徐万山.中小学教师课题研究指导[M].北京：中国轻工业出版社，2008.

[4] 冯卫东.今天怎样做教科研：写给中小学教师[M].北京：教育科学出版社，2011.

[5] 李红革.现代思维模式研究[M].长沙：湖南人民出版社，2009.

[6] 卢建华，吴建国.医学科研思维与方法[M].北京：科学出版社，2012.

[7] 包霄林.思维的模式[M].杭州：浙江大学出版社，2011.

[8] 张伟刚.科研方法导论[M].北京：科学出版社，2013.

[9] 高晨阳.中国传统思维方式研究[M].北京：科学出版社，2012.

论文类

[1] 魏宏聚，金华宝.变与不变：四种科研理念异同比较——兼论中小学教育科研方法的价值追求[J].中国教育学刊，2008（10）.

[2] 魏登尖.当前中小学教师课题研究中存在的问题及解决对策[J].中小学教师培训，2014（2）.

[3] 张建映.对创新思维规律的再认识[J].保定师范专科学校学报，2004（7）.

[4] 贾霞萍.对当前中小学教育科研工作的冷思考[J].太原大学教育学院学报，2007（12）.

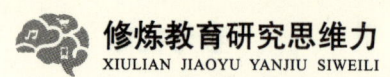

[5] 刘业俭.给虚假课题研究降降温[J].基础教育研究，2007（9）.

[6] 山子.关于中小学教育科研的几个问题[J].基础教育，2014（6）.

[7] 辉进宇，褚远辉.关于中小学教育科研外围性问题的思考[J].教育探索，2005（11）.

[8] 田文.基层教师深入开展课题研究的几点思考[J].现代中小学教育，2013（8）.

[9] 肖占君.教育科研中人类学思维的艺术运用[J].边疆经济与文化，2008（6）.

[10] 杨小微.教育研究思维方式的类型分析[J].华东师范大学学报（教育科学版），2003（12）.

[11] 张义生.论创新思维的基本原理[J].哲学研究，2003（12）.

[12] 贾贵洲，王玉兰.论中小学教育科研的草根性[J].中国教育学刊，2009（7）.

[13] 陈发军，熊少严.努力实现中小学教育科研的"本真"价值[J].中国教育学刊，2010（11）.

[14] 尧逢品.中小学教育科研课题研究的"脱阈"现象分析[J].当代教育科学，2013（6）.

[15] 高慎英.教师成为研究者——"教师专业化"问题探讨[J].教育理论与实践，1998（3）.

[16] 潘久武.谈科研思维及其类型特点[J].上海教育科研，2009（2）.

[17] 鲍远根.中小学教育科研的特点、思路及其发展形态[J].教育导刊，2013（3）.

[18] 刘要悟，雷顺利.中小学教育科研的异化与回归[J].教育科学研究，2002（8）.

[19] 刘本剑.教师如何选择教育科研课题——以中小学教师为例[J].沧桑，2007（1）.

[20] 金卫国.课题研究过程中选题的一般性技巧[J].教学月刊小学版，2012（9）.

[21] 刘本剑.中小学教师教育科研课题选择问题探析[J].江西教育科研，2006（10）.

[22] 刘佑荪.中小学教育科研的基本特点和选题策略[J].辽宁教育研究，2001（3）.

[23] 易志勇.当前课题开题论证的浅析与思考[J].教师，2009（9）.

[24] 李哉平，金遂，陈彩堂.对中小学教育科研课题开题论证的再思考[J].基础教育研究，2008（12）.

[25] 方平，李哉平.基层学校课题论证的类型、方式与组织[J].教育实践与研究，2011（10）.

[26] 刘喜纯.课题论证主旨要贯穿于课题整个研究活动中——简述课题立项、开题、结题三个阶段的论证内容及要求[J].现代教育科学·小学教师，2010（5）.

[27] 宋保平.个别化教学的学校实施：策略与反思[J].教育发展研究，2013（12）.

[28] 卢正芝，洪松舟.教师课堂提问有效性提升的实践研究[J].上海教育科研，2010（11）.

[29] 李哉平.教师课题研究技术线路探索[J].基础教育，2010（5）.

[30] 杜宝山.论课题研究选题及方案设计技巧[J].教学与管理，2006（6）.

[31] 刘莉.中小学教师课题研究"六步法"[J].基础教育参考，2010（10）.

[32] 朱利霞.中小学教育科研的价值取向[J].教育理论与实践，2007（9）.

[33] 曾君.中小学教育科研课题的选择与论证[J].新疆教育学院学报，2001（3）.

[34] 王凯，杨小微.反思我国教学研究中的简单思维[J].课程·教材·教法，2005（12）.

[35] 肖作飞，陈立锋，木羊.类比思维与创新[J].湖北成人教育学院学报，2006（9）.

[36] 毛齐明.论教师学习中的简单思维及其突破[J].教师教育论坛，2013（12）.

[37] 吴卫东.论教育研究中的类比思维[J].浙江教育学院学报，2007（3）.

[38] 苏育才.漫谈中小学教育科研的误区[J].青年教师，2012（5）.

[39] 毛佩清.试论课题研究过程管理的操作要点[J].上海教育科研，2010（5）.

[40] 汤先平，汤夺先.中小学教育科研问题的若干思考[J].现代教育科学，2008（4）.

[41] 梁枫英，武震.创新性思维与灵感思维[J].西北工业大学学报（社会科学版），2001（9）.

[42] 黄辉.论灵感思维的本质、特征及其实践意义[J].中共四川省委党校学报，2002（6）.

[43] 徐珂.系统思维与解构思维之比较[J].北京社会科学，2000（4）.

[44] 尧逢品.中小学教育科研成果的类型与物化策略[J].教师之友，2005（1）.

[45] 毛作祥.中小学课题研究成果文本表达问题探讨[J].基础教育研究，2007（9）.

[46] 姜德束.关于教育科研成果推广问题的思考[J].江苏教育研究，2002（11）.

[47] 李三福.教育科研成果推广的价值取向[J].湖南师范大学教育科学学报，2010（3）.

[48] 易海华.教育科研成果推广应用的误区及对策思考[J].中国教育学刊，2007（4）.

[49] 张启胜.中小学教育科研成果推广的有效探索[J].教书育人·校长参考，2011（2）.

[50] 尧逢品.中小学教育科研成果推广应用的转化机制初探[J].江苏教育研究，2015（4）.